V

(c)

32395

TRAITÉ

ÉLÉMENTAIRE, THÉORIQUE
ET PRATIQUE
DE L'ART DE LA DANSE.

(1)

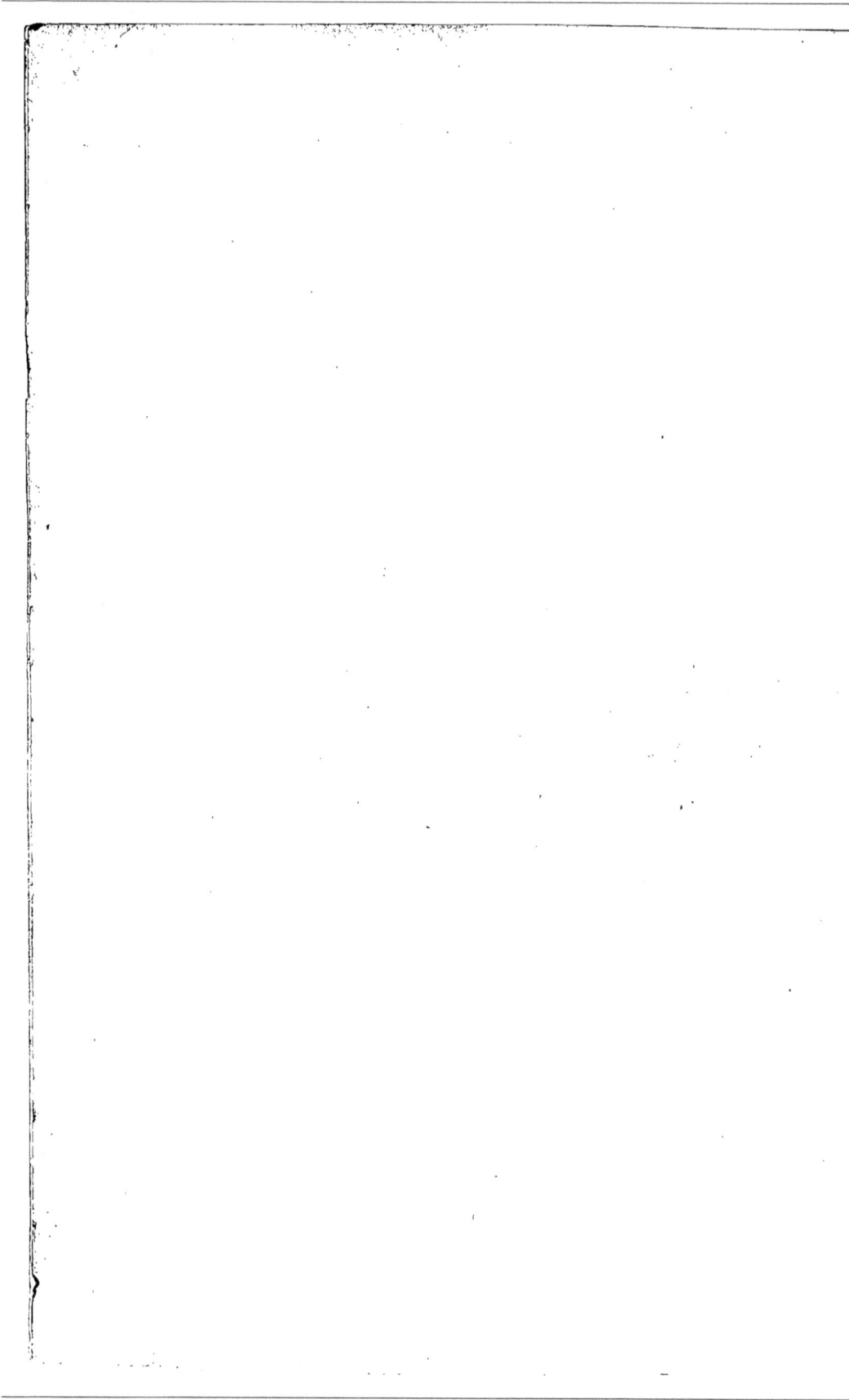

TRAITÉ

Élémentaire, Théorique et Pratique
de l'Art de la Danse

CONTENANT

LES DÉVELOPPEMENS, ET LES DÉMONSTRATIONS
DES PRINCIPES GÉNÉRAUX ET PARTICULIERS, QUI
DOIVENT GUIDER LE DANSEUR.

Par Ch. Blasis

PREMIER DANSEUR.

MILAN, 1820.

Chez Joseph Beati et Antoine Tenenti,
Rue de S. Marguerite (*contr. di S. Margherita*)
N.° 1066.

Imprimerie I. I. Destefanis a S. Zeno, N. 534.

C'est en vain qu'aujourd'hui des chants mélodieux
Sur la Scène appellent les Graces,
Si la danse n'amuse, et ne charme les yeux,
L'ennui suit les plaisirs, et vole sur leurs traces.

Fuselier.

Carlo Blasis

Primo Danzatore del Teatro del Rè

IN LONDRA.

Attuale primo Danzatore nel Grande Teatro la Fenice 1831.

ÉPÎTRE

à Monsieur

F. A. Blasis

mon Père,

CI-DEVANT MEMBRE DU CONSERVATOIRE DE NAPLES,
ET DIRECTEUR DE LA SECTION PHILHARMONIQUE
DE LA SOCIÉTÉ DU MUSÉUM D'INSTRUCTION
PUBLIQUE DE BORDEAUX.

———————

Des amis qui s'intéressent à mon ouvrage, désiraient que j'en fisse hommage à quelque personne dont le nom servirait à l'honorer. Ils me faisaient même entrevoir qu'un Mécène généreux, en l'acceptant, laisserait quelque gage de plus de sa bienveillance à l'auteur.

J'ai réflechi sur ces avantages, que le public apprécie toujours assez juste pour ce qu'ils valent, et je me suis dit : Le nom d'un favori des Muses, distingué par d'excellens ouvrages, n'est-il pas assez illustre pour orner la tête d'un ouvrage consacré aux arts ! On ne doutera pas d'ailleurs qu'il n'ait su en apprécier le mérite, les difficultés et l'utilité.

Quant au bienfait, très-incertain souvent, et quelquefois acheté par des complaisances en faveur de l'adulation, n'en ai-je pas reçu d'avance un assez grand, assez délicatement accordé, pour ne pas balancer dans le choix de mon Mécène !

J'ai donc écarté les idées de mes amis, que je remercie cependant, et je suis descendu dans mon propre coeur.

C'est à vous, respectable et tendre

Père, que je dois, après la vie, une éducation, dont peut-être je n'ai pas retiré tout le fruit que votre sollicitude en attendait. C'est à vous que je dois une partie des connaissances que je possède. C'est à vos conseils que je rapporte tout ce que j'ai pu faire ou dire de bien. Quel autre trésor un mortel, quel qu'il soit, peut-il m'offrir qui égale celui-là!

Les connaissances profondes en musique dont vous êtes doué, les ouvrages lyriques, applaudis du public, que vous avez produits pour la scène, placent votre nom à côté des artistes dont la mémoire sera chère aux amis des arts et de l'harmonie. Eh bien! Ce sera sous votre nom, que le public, indulgent pour votre fils, votre élève, recevra cet ouvrage; et cette dédicace sera le sentiment profond de la re-

connaissance, du respect et de l'amour,
etc., etc., de

Votre Fils affectionné

Charles Blaxis.

AVANT-PROPOS.

« *LE chant, si naturel à l'homme, ne pou-*
vant manquer de le séduire, lui a inspiré,
en se développant, des gestes relatifs aux
sons différents dont il était déjà composé.
Le corps s'est alors agité, les bras se sont
ouverts ou resserrés, les pieds ont formé
des pas lents ou rapides, les traits du vi-
sage ont participé à ces mouvemens, tout
le corps enfin a répondu par des positions,
des sauts et des attitudes, aux sons dont
les oreilles étaient frappées; et c'est ainsi
que le chant, qui était l'Expression d'un
sentiment, en a fait développer une se-
conde, qui existait chez l'homme, à laquelle
on a donné le nom de Danse ou de Bal-
let. Telles sont ses deux causes primi-
tives:

« *On voit par-là, que le chant et la danse*
ne sont pas moins naturels à l'homme, que
la voix et le geste, et que l'une et l'autre

n'ont été, pour ainsi dire, que les instrumens qui leur ont donné lieu. Depuis qu'il existe des hommes, il y a eu, sans doute, des chants et des danses; on a chanté et dansé depuis la création jusqu'à nous, et il est vraisemblable que les hommes chanteront et danseront jusqu'à la destruction totale de tous les êtres crées. » (Dizion. delle Art. e de' Mest. del Griselini).

Le chant et la danse une fois connus, ces arts servirent à célébrer l'Être Suprême. Les Égyptiens, les Grecs, les Romains, et même les Juifs, les employèrent dans leurs rites religieux, et ensuite les introduisirent dans les fêtes et les divertissemens publics. Peu-à-peu on dansa sur les théâtres, et les Grecs mêlèrent des danses à leurs tragédies et à leurs comédies; les Romains imitèrent cet exemple jusqu'au temps d'Auguste, qui régala son peuple par des spectacles représentans des actions héroïques ou comiques, exprimées par les gestes et par des danses, qu'exécutaient Pylade et Bathyle, les deux premiers instituteurs de l'art des pantomimes. Trajan bannit ces belles représenta-

tions théâtrales qui reparurent encore long-
temps après lui; mais accompagnées des
obscénités qui avaient engagé cet empereur
à les défendre. Alors les pontifes chrétiens
imitèrent l'exemple de Trajan. Après bien
des siècles, Bergonce de Botta (V. la
note 23 du ch. premier), dans une fête magnifique, fit renaître les ballets, et il trou-
va des imitateurs dans toute l'Italie. Cependant la décadence de certaines puis-
sances dans ce royaume, fit encore éprouver une chûte à la danse et aux ballets;
les Italiens perdirent leur goût pour ces
spectacles; mais Louis XIV en embellit
la cour de France. Les ballets, sous ce
prince, reprirent tout leur éclat, avec
la pompe que pouvait y ajouter un mo-
narque magnifique, commandant à une
nation opulente et avide de plaisirs; et on
créa des spectacles étonnans par leur ma-
gie et leur richesse, lesquels ont été depuis
perfectionnés jusqu'au dernier dégré, par
les artistes qui honorent le siècle présent.

Le très-petit nombre d'ouvrages que l'on
a écrit sur la danse, et le peu de valeur
de quelques-uns, m'ont encouragé à publier

ce Traité (1). *Peut-être que l'étude réfléchie*
que j'ai faite sur cet art, que je professe,
l'application, les soins que j'ai mis pour
tâcher de rendre mon ouvrage utile et in-
téressant, ne seront pas tout-à-fait vains;
du moins si mes faibles espérances sont

---

(1) *La majeure partie des écrivains dont*
je parle, sont, à la vérité, de très-bons littéra-
teurs, mais qui n'ont jamais été danseurs: ce
sont des gens, comme dit plaisamment Ber-
choux :

  « . . . . connus par leur science
  « Qui, sans être danseurs, parlent beaucoup
     de danse. »

Je crois que les écrits de ces hommes, qui
ont employé tant de veilles pour l'amour de
l'art de Terpsicore qu'ils ignoraient, nous sont
parfaitement inutiles. Il aurait beaucoup mieux
valu pour nous, que ces ouvrages composés
pour la simple poétique de l'art, eussent été
remplacés par quelque bon traité théorique,
sur le mécanisme de la danse, écrit par un
Dauberval, un Gardel, un Vestris, ou par
quelque autre grand maître.

  « Je voudrais, dit le sage Montaigne, que
« chacun écrivit ce qu'il sait, et autant qu'il
« en sait. »

détruites , j'aurai toujours la satisfaction d'avoir été le premier à donner les documens de l'art du danseur, en attendant qu'un autre, plus éclairé, marchant sur mes traces, atteigne, par des moyens plus efficaces, le but que j'aurai placé dans cette carrière.

Noverre, le restaurateur des ballets d'action et de l'art de la pantomime, a posé les principes qui doivent guider le maître de ballet, c'est-à-dire les compositeurs; il a prescrit des règles aux mimes; il a aussi écrit sur l'art, proprement dit, de la danse; mais ses instructions à cet égard, se bornent à quelque conseil sur la poétique de l'art, et à quelques légères observations sur son mécanisme. Les excellentes lettres de cet artiste célèbre, sur les ballets, ont été écrites particulièrement pour le compositeur, et ne devraient jamais sortir de ses mains; c'est cet ouvrage qui apprendra aux artistes danseurs les véritables règles dramatiques, et la manière simple d'intéresser dans une action pantomime (1).

---

(1) On pourrait aussi citer à certains maî-

Je pense que quand même Noverre au-rait parlé de tout ce qui concerne le mé-canisme, et même le charme de la danse, son ouvrage ne serait pas pour nous au-jourd'hui d'une bien grande utilité; car notre art, depuis l'époque où il a écrit, est entièrement changé (1).

J'ose donc espérer que les instructions, les leçons que je vais donner, provenant des écoles des plus grands maîtres, qui ont fait faire à la danse moderne des progrès immenses, et qui l'ont tant embel-lie, pourront d'autant plus faciliter les

---

tres de ballets, qui par leurs ouvrages prou-vent combien la lecture de Noverre leur est étrangère, ces mots de Dauberval : « Je con-« çois que la multiplicité des décorations et « des effets mécaniques peut éblouir la mul-« titude ; mais j'ose dédaigner, ce moyen, « quand il ne tient pas essentiellement au su-« jet ; c'est la pantomime et la danse que je « traite ; je veux laisser tout l'honneur du « succès à ces deux arts ; il ne me suffit pas « de plaire aux yeux, je veux intéresser le « cœur. »

(1) Voyez la note (1) du chap. VII.

élèves dans leurs études, que j'ai, à l'aide
d'un travail assidu, fait d'après les vrais
principes, par ma propre expérience, et
par l'observation des plus excellens modèles que j'ai eu sous les yeux, appli-
qué à mes leçons de nouveaux moyens
d'enseignement, et des démonstrations rigoureusement exactes.

Peut-être que mon zèle, réuni à mes
efforts, m'obtiendra l'indulgence publique,
et que les jeunes danseurs me sauront gré
de l'intérêt que je prends à leurs progrès.
Je crois aussi que les artistes formés et
accoutumés aux applaudissemens, verront
avec plaisir l'hommage que je rends à un
art si aimable, si gracieux, si séduisant,
en démontrant de combien de charmes et
d'éclat il est accompagné, et toute la perfection dont il peut être encore susceptible,
lorsqu'il est exempt de tous les défauts
dont le tachent, dont le dégradent l'i-
gnorance et le mauvais goût, tant des
artistes médiocres que des spectateurs sans
connaissance. La danse est en effet un
art difficile, et qui ne peut pas être apprécié par tout le monde; car nous voyons

très-souvent de mauvais sauteurs plaire à
un public aveuglé par des tours de force,
par des gambades et par de ridicules pirouettes ; *tandis qu'un véritable danseur,
qui danse en suivant toutes les règles, qui
se dessine avec sentiment, avec intelligence,
avec grace, et qui donne de l'ame, de
l'expression à ses mouvemens, à ses pas,
de la souplesse et une délicate légèreté à
sa danse en général, ne produit de vives
sensations que sur les gens de goût, les
seuls (en trop petit nombre malheureuse-
ment) qui puissent bien sentir tout ce
qu'il vaut. Au théâtre, ainsi qu'ailleurs, le
vulgaire ignorant se méprend bien souvent
lorsqu'il juge les artistes d'un talent réel ;
cependant*

« *Ingiusta lode non è stabil mai*, *

« *E basta un solo per chiarirne cento* (1).»

---

* *Tous les passages italiens insérés dans cet
ouvrage, se trouveront à la fin traduits, pour
la commodité des lecteurs, à qui cette langue
n'est pas familière.*

(1) *Soffre, è vero, il povero popolo anch' esso
di quando in quando le sue epidemie; ma non*

«L'approbation et les suffrages des hommes qui se distinguent dans les arts, les seuls juges à considérer, doivent servir à perfectionner l'homme à talent, qui ne doit avoir que du mépris pour les louanges que les sots prodiguent au charlatanisme. » *Le bandeau de l'ignorance tombe enfin, et le vrai mérite, qui a eu le courage de lutter*

---

mai per sua colpa. Ed essendo sempre le cagioni di queste accidentali, passaggiere, particolari ed esterne, possono alterarne per qualche tempo ed in qualche luogo il giudizio, ma non già farlo cambiare di natura. V' è pur troppo chi abusando dell' innocenza del popolo, per usurparne il voto, ad onta del merito e della ragione, sa destramente valersi della naturale imitatrice inclinazione di questo a dir ciò che altri dice, ed a correre dove altri corre; del rispettoso assenso di lui al giudizio de' dotti e de' grandi, che suppone di se più saggi, e dell' ascendente che hanno in esso, perchè più facili a concepirsi i piaceri degli occhi sopra quelli della mente e del cuore: ma molto breve è la vita di cotesti ingannevoli, artificiosi prestigi. Sono fantasmi che poco tempo resistono contro la luce del vero.

MÉTASTASIO.

long-temps contre elle, et de mépriser ses
arrêts, finit par être reconnu. Heureux
les arts, s'écriait un ancien, s'ils n'étaient
jugés que par les savants. Il serait à
souhaiter que les hommes à talent n'eussent pour juges que ceux dont l'opinion a
pour base le sentiment, l'intelligence, et
non de certains partisans, et la nombreuse
troupe des Midas,

« Connaisseurs aux belles oreilles. »
Pour mieux parvenir au but que je me
suis proposé de la formation d'un bon
danseur, je joins aux préceptes que con-
tient mon Traité, des figures que j'ai fait
dessiner d'après moi-même; elles représentent
les positions du corps, des bras, des jambes; les différentes poses, les attitudes et
les arabesques. Les élèves ayant ces exemples sous les yeux, comprendront facilement les principes théoriques que je leur
enseigne :

« Segnius irritant animos demissa per aurem
« Quam quæ sunt oculis subjecta fidelibus . . . .

et pour que leur exécution soit parfaite,
je leur trace, sur les principales positions
de ces figures, des lignes, qui fixeront la

véritable manière de se poser, et de se dessiner dans les diverses attitudes de la danse.

Ce sera aux élèves à bien étudier ces lignes géométriques, en observant leur diversité (1). Lorsqu'ils seront parvenus à

---

(1) Si je formais une école de Danse je metterais de suite en pratique ce moyen que j'ai imaginé, que je crois essentiellement utile, et que tout professeur, sans être obligé de savoir dessiner, peut employer, c'est-à-dire, que je formerais pour les élèves une espèce d'abécédaire composé de lignes droites, pour toutes les positions de leurs membres, donnant à ces lignes et à leurs combinaisons respectives, les dénominations adoptées par les géomètres, savoir de perpendiculaires, d'horizontales, d'obliques, d'angles droits, aigus, obtus, etc. Langage que je crois même indispensable dans nos leçons, en traçant sur l'ardoise ces figures par des lignes droites, comme dans l'exemple donné ici : cent élèves à-la-fois, ayant les yeux fixés sur ce modèle, concevront de suite, ensemble, et très-facilement, leurs positions, leurs attitudes, sans que le maître soit obligé de s'époumonner par des discours longs à chacun d'eux. En outre de cela, les plus diligens de ces écoliers, pourraient copier, sur de petites ardoises, ces mêmes figures, et les em-

s'assujettir à ce travail, que j'oserai dire mathématique, à cause de sa rigueur, ils seront surs de se bien placer, et ils donneront des preuves qu'ils sortent d'une bonne école, dans laquelle ils ont acquis un goût pur (1).

---

porter, pour les étudier, chez eux, comme l'enfant qui commence à syllaber, étudie dans son ABÉCÉDAIRE, sans avoir près de lui le maître... et son fouet.

Voyez les planches

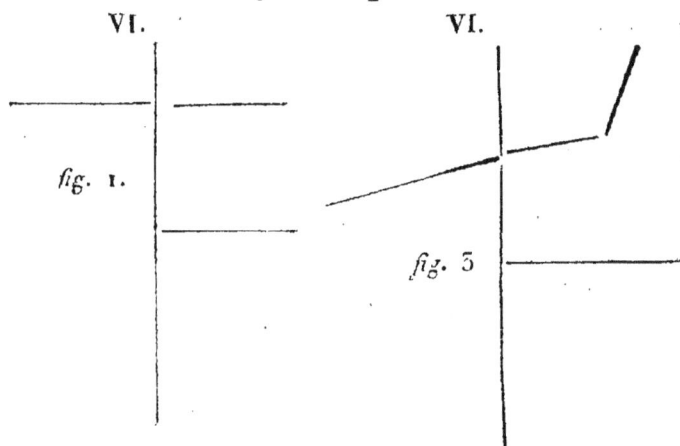

VI. VI.

fig. 1.

fig. 3

(1) J'ai préféré ce nouveau moyen, certainement plus sur et plus efficace, à celui d'une longue et fatigante description des mouvemens de la danse, qui ne ferait souvent qu'embarasser et confondre l'esprit de l'élève. Les figures sont dessinées par M.r Casartelli, et gravées par M.r Rados.

On ne saurait trop recommander aux jeunes gens qui se destinent à cet art d'imitation, la vue des chefs-d'œuvre de la peinture et de la sculpture, surtout dans l'antique : ces enfans immortels du génie des beaux-arts, ces modèles du beau idéal, formeront leur goût. Un danseur qui ne sait point se dessiner, et qui par conséquent manque de cette grace qui séduit, qui charme, ne sera point regardé comme un artiste, et ne pourra jamais intéresser ni plaire.

CHAPITRE PREMIER.

INSTRUCTIONS GÉNÉRALES AUX ÉLÈVES.

- - - - - - - - - -

Jeunes gens, qui entreprenez la carrière de la danse, et qui desirez ardemment (1) de la fournir, et de voir couronner vos succès, livrez vous aux soins d'un maître expérimenté dans son art (2);

« *Chi ben principia ha la metà dell'opra* »
Guarini.

---

(1) Il faut se livrer avec transport à l'étude de l'art qu'on veut professer; sans cela on sera confondu dans la foule des artistes médiocres, ou l'on manquera le but, sans jamais obtenir de succès.

« *Soyez plutôt maçon, si c'est votre talent.* »
Boileau.

On ne deviendra jamais danseur sans le desir ardent de l'être.

(2) On ne saurait trop prendre de précautions en choisissant un maître. Tous ceux qui enseignent la danse ne sont pas sortis d'une

Armez vous de courage, et soyez cons-
tants au travail; je ne peux vous donner
de meilleur conseil, dans cet art, que celui que donnait un grand peintre à ses
élèves :

« *Nulla dies sine linea.* »
ne restez pas vingt-quatre heures seulement
sans vous exercer; l'écolier qui interrompt
ses études fréquemment, nuit considérable-
ment à ses progrès, et ne pourra jamais
acquérir ce qu'il aura perdu (1). Soyez so-

bonne école, et très-peu encore se sont distingués dans l'exécution de leur art. Un simple
théoricien ne suffit pas pour l'exacte démonstration des principes de la danse. Des maîtres
médiocres au lieu d'augmenter le nombre des
bons danseurs, ne font que le diminuer; car
tout dépend des premiers élémens; un mauvais
pli une fois pris, il est presque impossible de
l'effacer. J'ai même vu parmi les bons maîtres quelques-uns, avoir la manie d'innover, et
se former diverses manières de démontrer et
de faire exécuter, prétendant par-là refondre
les vrais documens de l'art, qu'ils ne faisaient
que détruire.

(1) Cependant un travail trop forcé est nui-
sible; il énerve, et il peut être même préju-
diciable à la santé.

« *L'excès en tout est un défaut.* »

bres ; ne vous livrez à aucun autre exercice qu'à celui de la danse ; ne vous aban-
donnez pas aux plaisirs ; pour être admis à
la cour de Terpsicore, cette déesse exige
qu'on se sacrifie entièrement à elle (1). Il
est difficile de réussir dans notre art, qui
présente bien des obstacles à surmonter ;
car annonceriez-vous dès l'âge le plus tendre, des formes aussi belles, aussi par-
faites que celles de l'*Apollon* ou de l'*Antinoüs* (2), et joignissiez-vous à de si rares
avantages les dispositions les plus heureu-
ses, vous ne parviendrez qu'imparfaitement,
sans un pénible travail, et sans une étude
réfléchie sous la direction d'un bon maître (3).

---

(1) L'escrime, l'équitation, la course, etc.,
sont des exercices contraires au danseur.

(2) L'*Apollon du Belvedère*, le *Laocoon*, la
Vénus de Médicis, le *Mercure* que l'on appelle l'*Antinoüs*, et quelques autres chefs-d'œuvre les plus étonnans de la sculpture grecque,
sont des modèles sublimes de la perfection des
formes humaines et de l'expression la plus naturelle.

« *Spesso vinta da lor cedè natura.* »
                    Metastasio.

(5) L'art de la danse est très-exigeant : mal-

Dans vos exercices, dans la *leçon* (1), soignez également vos jambes, de sorte que l'une dans son exécution ne le cède point à l'autre. J'aime à les voir lutter d'égale force, et que toutes deux me prouvent qu'elles ont vaincu les grandes diffi-

---

gré les dons de la nature, qui lui sont nécessaires, on ne peut réussir complettement sans les raisons que j'ai données.

« *Non giova che tu sia bello e leggiadro :*
« *Sotto quel bello son bruttezze ascose.* »

Riccoboni.

Il faut travailler sans cesse et doubler l'exercice pour acquérir un vrai talent. Il faut encore étudier lors même qu'on sera tout-à-fait formé ; et il importe de se maintenir souvent en équilibre ; car sans cela on le perdrait.

Dans l'art du chant la chose est différente ; une belle voix, de la facilité naturelle dans le gosier, et quelques années d'un travail peu fatigant, suffirout pour faire parvenir l'élève au but qu'il s'est proposé. Madame Catalani en offre un exemple fameux. Dans la musique, dans la peinture, etc., l'on n'a pas besoin d'un travail aussi opiniâtre pour conserver ce que l'on sait. L'art du danseur, comme tous ceux d'exercice, ne jouit pas de cet avantage.

(1) Voyez la note (5) du chapitre IX.

cultés. Je compare le danseur qui ne danse que d'une jambe, à un peintre qui ne saurait dessiner ses figures que d'un seul côté : des danseurs et des peintres aussi bornés que ceux-là dans leur art, ne pourront jamais être considérés comme des artistes.

Soignez la tenue du corps et le port des bras ; il faut que leurs mouvemens soyent doux, gracieux et toujours d'accord avec ceux des jambes. Il doit exister sans cesse une parfaite harmonie dans l'exécution entre toutes les parties du corps, et c'est cet ensemble charmant qui fera apprécier le mérite d'un véritable danseur.

Mettez tous vos soins à acquérir de l'aplomb et un parfait équilibre ; attachez-vous à la correction et à la précision dans votre danse ; que tous vos temps soyent réglés d'après les meilleurs principes que vous avez reçus, et que l'exécution de vos pas soit toujours élégante et gracieuse.

Dessinez-vous avec goût, et naturellement, dans la moindre des poses. Il faut que le danseur puisse, à chaque instant, servir de modèle au peintre et au sculpteur. C'est peut-être le plus haut dégré de per-

fection auquel doit atteindre l'artiste (1).
Mettez de l'expression, de l'ame, de l'abandon dans vos attitudes, dans vos *arabes-*
ques (2) et dans vos groupes ;

---

(1) A la fin d'un raisonnement académique
sur la danse que j'eûs avec M. Gardel, ce
grand artiste m'a dit que pour connaître un
bon danseur il fallait l'arrêter au moment d'une
position, d'une attitude quelconque, et l'examiner : que l'œil même devait l'arrêter, pour
ainsi dire, dans l'instant où il s'est enlevé,
pour battre quelque Temps; si alors cet artiste
se trouve placé dans les vrais principes, et
que son corps, ses bras, ses jambes forment
un ensemble harmonieux, agréable et digne
d'être dessiné, le danseur a réussi, et mérite
la palme. M. Gardel par cette observation montre jusqu'où va son savoir, et prouve combien
l'art de la danse est difficile. Tous ceux qui
professent cet état ne peuvent point dire

« *Anch' io son pittore.* »

(2) *Arabica ornamenta* (latin), terme de
peinture : ce sont ces ornemens composés de
plantes, d'arbustes, de branches légères et de
fleurs, dont l'artiste forme des tableaux, et
décore des compartimens, des frises ou des
panneaux. Terme d'architecture : rinceaux d'où
sortent des feuillages de caprice. On croit que

« Siano le attitudini degli uomini con le
« loro membra in tal modo disposte, che
« con quelle si dimostri l'intenzione del
« loro animo (1). »

---

ce goût a été apporté par les Maures, ou
Arabes, d'où ce genre d'ornement a pris son
nom.

Nos maîtres d'école de danse auront aussi
introduit dans l'art cette expression, à raison
des tableaux ressemblans aux arabesques de la
peinture, par les groupes qu'ils ont formé de
danseurs et de danseuses, s'entrelaçant de mille
manières, avec des guirlandes, des couronnes,
des cerceaux ornés de fleurs, et mélangés quelquefois d'instrumens antiques propres à la pas-
torale; et ces attitudes qui rappellent les belles
Bacchantes que l'on voit sur les bas-reliefs
antiques; par leur légèreté presque aérienne, à
laquelle se réunit en même-temps la vigueur
et le contraste des oppositions, ont en quelque sorte rendu naturel à notre art le mot
arabesque. Je puis me flatter d'avoir été le
premier à donner raison de cette expression,
qui sans cela, placée dans notre bouche, pourrait apprêter à rire aux peintres, à qui elle
avait appartenu toute entière.

(1) *Trattato della Pittura.* C'est, peut-être,
le plus bel ouvrage que nous ayons sur cet
art divin. Léonard de Vinci, son auteur, fut

Ces paroles du grand Léonard, doivent être gravées dans la mémoire du danseur et du mime (1), aussi bien que dans celle du peintre qu'a voulu instruire cet artiste sublime (2).

---

un de ces êtres extraordinaires, qui sont si rarement privilégiés de la nature. Il était musicien, poëte, mécanicien, géomètre, mathématicien, architecte, ingénieur, hydraulique, excellent dans l'art de modéler les figures, et l'un des plus grands peintres dont s'honore l'Italie. Son tableau de la Cène, qui n'est connu que sous son nom, est regardé comme l'un des chefs-d'œuvre de la peinture.

(1) « Les gestes et les pas, d'un mutuel accord,
« Peignent (*de l'ame*) la même ivresse et le même transport. »

Dorat.

(2) Je pourrais ajouter que le danseur qui aura été assez heureux pour joindre à l'étude de son art celle du dessin ; sous un maître éclairé, qui surtout l'applique à la connaissance du beau idéal, que ce danseur, dis-je, à mérite égal en dons naturels, et de ceux qu'il aura acquis dans une bonne école de danse, s'il est placé dans les mêmes circonstances que ses émules, aura toujours sur eux une grande supériorité.

Celui qui aura mis en usage ces conseils, sera en droit de plaire, et possédera tout le charme de son art, qui consiste à intéresser le spectateur, en lui faisant éprouver de douces émotions, et en livrant son ame au plaisir et à la joie.

Soyez vigoureux, mais sans roideur; que votre entrechat soit croisé, et passé avec franchise et netteté. Travaillez pour acquérir une élévation facile; c'est une belle qualité chez le danseur, et qui lui est nécessaire pour l'exécution des temps de force et de vigueur. Si vous vous procurez de la vivacité, elle donnera du brillant à vos pas, et vous enchanterez les yeux. Soyez léger le plus que vous pourrez; le spectateur veut trouver dans un danseur quelque chose d'aérien; celui qui est pesant et lourd, ne produit qu'un vilain effet, et trop éloigné de ce que l'on attend de lui. Etudiez le *ballon*; j'aime à vous voir parfois bondir dans un pas, et faire preuve d'agilité, de souplesse; que je puisse croire que vous effleurez à peine la terre, que vous êtes prêt à vous envoler dans les airs.

Dans vos pirouettes observez l'équilibre le plus parfait, et soyez toujours bien placé en les commençant, en les tournant et en les terminant. Arrêtez-les avec aplomb et assurance ; que le dessin de la position de votre corps, de vos bras, de vos jambes soit correct, et prononcé avec grace. On ne saurait trop vous recommander de *filer* délicatement la pirouette sur la pointe; ce qui présente la plus agréable exécution, et en même-temps la plus parfaite; car rien n'est plus rebutant à voir qu'un mauvais danseur qui tournaille tantôt sur la pointe et tantôt sur le talon, et qui sautille par secousses à chacun des tours de sa pirouette.

Il faut prouver, par de la facilité et de l'aisance dans l'exécution générale de votre danse, que vous avez vaincu les plus grandes difficultés de votre art, et que cet exercice vous est naturel : le comble de l'art est de cacher l'art (1). Une fois possesseur de cette qualité, qui est le dernier dégré

---

(1) Riccoboni dans son *Arte rappresentativa :*

« . . . . niente è più nocivo e più molesto

« . . . . che il far conoscer l'arte

« In ciò che d'esser finto è manifesto. »

Précepte excellent pour les acteurs de tout genre.

de la perfection, vous réunirez tous les suffrages , et mériterez le glorieux nom de grand artiste.

Voyez avec attention, examinez beaucoup, et avec maturité , écoutez tous les avis ; un mauvais danseur peut parfois avoir dans son exécution quelque chose de bon qui vous soit utile, et que vous ignoriez. Un figurant médiocre , et même un homme sans avoir un goût parfait , pourront vous donner un conseil salutaire ;

« Écoutez tout le monde , assidu consultant ;
« Un fat quelquefois ouvre un avis important. »

                             Boileau.

ce sera à vous ensuite à savoir en faire usage. Ne craignez pas de fatiguer votre maître par des demandes, par des questions ; raisonnez librement avec lui sur votre art ; dussiez-vous vous tromper, ne rougissez jamais de vos erreurs en le consultant, mais sachez profiter de ses conseils, et mettez-les aussitôt en exécution, pour les imprimer dans votre esprit.

« . . . . . Aimez qu'on vous censure,
« Et, souple à la raison, corrigez sans murmure. »

                             Boil.

Ne vous écartez jamais des vrais prin-

cipes ; soyez amant du beau , et gardez-vous
de vous laisser entraîner par l'exemple de
quelque mauvais danseur , qui sera en pos-
session de plaire à un public aveuglé , par
des tours de force , des gambades , et par
de ridicules pirouettes. Le triomphe de ces
misérables artistes ne sera pas de longue
durée ,

« . . . . . . *Che non è assai*
« *Piacere a sciocchi o a qualche donnicciuola.»*
Riccoboni.

le bon et le vrai doivent l'emporter à la fin.

L'approbation et les suffrages des hommes qui se distinguent dans les arts , les
seuls juges à considérer , doivent servir à
perfectionner l'homme à talent , qui ne doit
avoir que du mépris pour les louanges que
les sots prodiguent au charlatanisme.

Appliquez-vous à ne pas confondre le
genre ; il n'y a rien de plus mauvais goût
qu'un danseur d'une taille majestueuse, et
propre au genre *sérieux*, qui vient danser,
dans un ballet comique, un pas villageois:
comme il n'est aussi rien de plus ridicule
qu'un danseur d'une très-petite taille, d'une
structure ramassée, qui a la prétention de
s'affubler d'un habit héroïque, et qui cherche à se dessiner dans un *adagio*. Les an-

ciens eux-mêmes nous ont donné l'exemple
de cette sévérité par la finesse de leur goût.
Le trait suivant en fournit la preuve. Un
mime d'une petite taille représentait à An-
tioche le rôle d'Hector; le public s'écria
Astyanatem videmus, ubi Hector est (1)?
Ce serait une chose plaisante que celle de
voir un mime représentant l'un des plus
illustres personnages de l'antiquité, avec
les manières naïves et badines qui ca-

---

(1) Je ne blâme vraiment la confusion des
genres, que parce que des artistes médiocres
voulant singer le plus cher des favoris de
Terpsicore, ne font autre chose qu'anéantir et
dégrader l'art de la danse. Je veux bien que
celui qui a la stature, et qui possède les dispositions et les moyens qui ont distingué, plus
que tout autre, M. Vestris, se livre à tous les
genres; le travail et les bonnes leçons le fai-
ront parvenir; mais que celui qui est doué
d'une taille avantageuse adopte absolument la
danse noble, et que celui qui n'a qu'une taille
moyenne, se livre au demi-caractère, aux pas
d'agilité et au genre pastoral. Il faut aussi que
les danseurs costumés à la grecque ou à la
romaine, dansent différemment lorsqu'ils portent un habit moderne ou celui d'un villageois.

ractérisent l'habitant des campagnes. Le danseur et le mime doivent consulter leur physique et leurs habitudes corporelles pour se couvrir du costume des différens personnages, qu'ils veulent représenter.

« *Tout sujet doit avoir sa couleur et son nom.* »
                                    Horace.

Les plus grands artistes, soit peintres, soit poëtes, ou musiciens, se sont bien gardés de confondre le caractère et l'expression des divers personnages; ils se sont toujours attachés à la distinction des genres. En les imitant, faites preuve d'un bon goût, et vous serez alors des artistes.

Étudiez bien la composition des pas (1): cherchez la nouveauté dans les enchaîne-ments, dans les figures, dans les attitudes et dans les groupes (2). En composant, en

---

(1) Le Pas se prend en général pour une composition faite sur un air; ainsi on dit il a fait un beau pas sur une telle chaconne, sur une telle gigue. On fait des pas pour être exécutés par plusieurs personnes; des Pas de deux, de trois, de quatre, de cinq, etc.

(2) « La variété est un des charmes de la « nature; et vous ne pouvez plaire long-temps

règlant soyez peintre ; que tout dans votre
tableau soit en harmonie , et que les effets

« aux spectateurs, qu'en variant vos compo-
« sitions. »

Dauberval.

Les enchaînemens sont innombrables. Chaque
danseur a sa manière particulière d'allier, et
de varier ses temps (*a*) et ses pas (*b*). Chaque
danseur doit avoir son style. Soyez original, si
vous aspirez à être un jour quelque chose.
Sans cela, soyez sur de n'être jamais rien.

« Il en est de la danse comme de la musi-
« que, et des danseurs comme des musiciens ;
« notre art n'est pas plus riche en pas fonda-
« mentaux que la musique l'est en notes ; mais
« nous avons des octaves, des rondes, des
« blanches, des noires, des croches, des temps
« à compter, et une mesure à suivre ; ce mé-
« lange d'un petit nombre de pas et d'une
« petite quantité de notes, offre une multitude
« d'enchaînemens et de traits variés ; le goût et
« le génie trouvent toujours une source de nou-
« veautés en arrangeant, et en retournant cette
« petite portion de notes et de pas de mille

(*a*) On appelle *temps* un mouvement de jambe.

(*b*) *Pas* se dit des différentes manières de former et
de conduire *ses pas*, en marchant et en sautant, soit
en face ou en tournant.

3

principaux ayent une vive expression qu'accompagne une grace séduisante. La musique doit être sans cesse d'accord avec votre danse ; c'est cet ensemble charmant, qui entraîne tous les cœurs (1).

« sens et de mille manières différentes ; ce
« sont donc ces pas lents et soutenus, ces
« pas vifs, précipités, et ces temps plus ou
« moins ouverts, qui forment cette diversité
« continuelle (a).

(1) Ce charme qui naît de l'harmonie des mouvemens de la musique et des mouvemens du danseur, enchaîne ceux même qui ont l'oreille la plus ingrate et la moins susceptible de l'impression de la musique.

« Ces deux arts sont frères, et se tiennent
« par la main ; les accens tendres et harmo-
« nieux de l'un excitent les mouvemens agréa-
« bles et expressifs de l'autre ; leurs effets
« réunis offrent aux yeux et aux oreilles des

(a) Les notes marquées avec des guillemets sont extraites de l'Encyclopédie ; l'article qui les a fourni, est le seul de l'ouvrage où l'on traite de la danse, qui puisse être utile aux jeunes danseurs d'aujourd'hui. Ces observations, à l'égard du mécanisme de certaines parties de l'art, et surtout celles faites sur les constructions physiques des sujets, sont remplies de justesse.

Je terminerai mes instructions par recommander aux jeunes élèves l'étude indispensable du dessin et de la musique ; rien ne sera plus utile à leur art. Dessinateurs, ils y gagneront des manières gracieuses et élégantes de se poser, de se développer avec

---

« tableaux animés ; ces sons portent au cœur
« les images intéressantes qui les ont affectés ;
« le cœur les communique à l'ame ; et le
« plaisir qui résulte de l'harmonie et de l'in-
« telligence de ces deux arts, enchaîne le
« spectateur, et lui fait éprouver ce que la
« volupté a de plus séduisant. »

La musique d'un *pas* ou d'un ballet doit avoir encore plus de cadence et d'accent que la musique vocale, parce qu'elle est chargée de signifier plus de choses ; que c'est à elle seule d'inspirer au danseur, au mime, la chaleur et l'expression que le chanteur peut tirer des paroles, et qu'il faut de plus qu'elle supplée dans le langage de l'ame et des expressions tout ce que la danse ne peut dire aux yeux du spectateur (J. J. Rousseau, Dict. de Musique).

La pantomime exprime beaucoup sans doute, mais sans l'accent et le sentiment des sons mélodieux de la musique, elle ne peut nous toucher, et nous émouvoir entièrement.

aisance : musiciens, ils auront un tact plus sur qu'aucun autre ; leur oreille les rendra maîtres du mouvement, de la mesure, et leurs pas cadencés (1) se marieront parfaite-

---

(1) La cadence (*a*) est une qualité de la bonne musique qui donne à ceux qui l'exécutent un sentiment vif de la mesure, en sorte qu'ils la marquent et la sentent tomber à propos, sans qu'ils y pensent, et comme par un instinct. Cette qualité est surtout requise dans les airs à danser. *Ce menuet marque bien la cadence* (*b*), *cette chaconne manque de cadence.*

Cadence signifie encore la conformité des pas du danseur avec la mesure marquée par l'instrument. Mais il faut observer que la *cadence* ne se marque pas toujours comme se bat la mesure. Ainsi le maître de musique marque le mouvement du menuet en frappant au commencement de chaque mesure ; au lieu que le maître à danser ne bat que de deux en deux mesures, parce qu'il en faut autant pour former les quatre pas du menuet.

(J. J. Rousseau, Dict. de Musique).

(*a*) On appelle aussi *cadence* ce battement de gosier, que les Italiens appellent *trillo*. Les finales des phrases musicales s'appellent *cadences.*

(*b*) Le Menuet, la Chaconne et la Gigue, sont les plus beaux genres de pas de la danse de nos anciens maîtres.

ment au rythme de *l'air* (1). Ils trouveront
aussi plus de facilité s'ils veulent composer,

---

(1) Rhythme c'est, dans la définition la plus
générale, la proportion qu'ont entr'elles les
parties d'un même tout. C'est en musique la
différence du mouvement qui résulte de la
vitesse ou de la lenteur, de la longueur ou
de la brièveté des temps.

C'est la définition de Platon.

(J. J. Rousseau, Dict. de Musique).

Ritmo , voce greca che significa numero. « *Il
numero si forma della distinzione, o battuta
degl' intervalli eguali o diversi.* »

Cicerone.

Il ritmo è la più sensibile distinzione dei
componimenti musicali : poichè le infinite di-
verse combinazioni de' vari tempi, de' quali
esso variamente si forma, producono le sensi-
bili infinite diversità d' una dall' altra aria, o
dell' uno dall' altro motivo, pensiero, idea,
soggetto, o comunque voglia chiamarsi, e per
ciò disse Virgilio :

« Dell' aria io ben mi sovverrei se in mente
  avessi le parole. »

Con cotesto *numero* o sia ritmo (che noi so-
gliamo regolare con la battuta), *possono i bal-
lerini, senza soccorso di armonia* (cioè di canto
o di suono), *eseguire le loro imitazioni.* E per
ciò Ovidio chiama non già *armoniose,* ma bensì

et leurs compositions ne manqueront pas d'être plus correctes.

« . . . · . Terpsicore . . . (1)

« D'Euterpe (2) aimable sœur, comme Euterpe
    on l'encense,

« Et mariant sa marche au son des instrumens,

« Elle a le même trône, et les mêmes amans.

« L'illusion la suit; éloquente et muette,

« Elle est des passions la mobile interprête (3) :

---

numerose le braccia di un' eccellente balle-
rina.

    « Quella incanta col gesto, a tempo alterna

    « Le braccia numerose: e il molle fianco ·

    « Con arte lusinghiera inclina e volge. »

(Metastasio, Consideraz. sulla Poet. d'Aristot.).

    (1) Le nom de cette Muse qui préside à la
danse est composé de deux mots grecs, dont
le premier (terpein) signifie *réjouir*, et l'autre
(choros) *chœur*, danse.

« Terpsicore excitée, au bruit des instrumens

« Joint à des pas légers de justes mouvemens. »

                Danchet.

    (2) Le nom d'Euterpe, du grec (Eu, terpein)
Bien, *Charmer*, signifie *plaisir* : cette Muse
préside à la musique.

« Euterpe a de la flûte animé les doux sons,

« Aux plaisirs innocens consacré ses chansons. »

                Danchet.

    (3) La pantomime exprime avec rapidité les

« Elle parle à mon ame, elle parle à mes sens,
« Et je vois dans ses yeux des tableaux agissans.
« Le voile ingénieux de ses allégories
« Cache des vérités par ce voile embellies.
« Rivale de l'histoire, elle raconte aux yeux :
« Je revois les amours, les faits de nos ayeux :
« Elle sait m'inspirer leur belliqueuse ivresse.
« J'admire leurs exploits, et je plains leur fai-
blesse . . . (1). »

Dorat.

mouvemens de l'ame; elle est le langage de
tous les peuples, de tous les âges, de tous
les temps; elle peint même mieux que la parole, une douleur extrême, ou une joie ex-
cessive.

Dauberval.

« Polymnie (a) a du geste enseigné le langage,
« Et l'art de s'exprimer des yeux et du visage. »

Danchet.

(1) Dorat a fait avec justice l'éloge de la
danse, de la pantomime et du ballet, où :
« Là pour nous enchanter tout est mis en usage,
« Tout prend un corps, une ame, un esprit, un visage. »
Le poëte a rendu hommage à l'art choréogra-
phique des Noverre, des Dauberval et des

(a) Cette Muse inventa aussi la Chironomie, qui signifie art de faire avec grace les gestes et les mouvemens
du corps, de *cheir*, main, et de *nomos*, loi.

CHAPITRE SECOND.

ÉTUDE DES JAMBES.

L'ÉTUDE principale qu'exigent les jambes, est celle de parvenir à les tourner entièrement. Tâchez d'acquérir de la facilité dans les hanches, pour que le mouvement des cuisses soit libre, et pour que les genoux se placent en dehors; les développés seront faits avec aisance et grace. Un exercice continuel et raisonné vous y fera parvenir.

Un danseur qui *n'est pas en dehors* dans toutes ces parties, et qui est serré des hanches, n'est pas beaucoup estimé, et l'exécution de sa danse perd de son prix.

Il y a des jeunes gens qui sont dispo-

Gardel, dont l'origine, ainsi que celle des Operas et des spectacles, se doit à Bergonce de Botta, gentilhomme de Lombardie, qui signala son goût par une fête éclatante qu'il prépara dans Tortone pour Galeas, duc de Milan, et pour Isabelle d'Aragon, sa nouvelle épouse. Ce fut vers la fin du XV siècle.

(V. Art. Ballet, Encyclopédie).

sés naturellement *en dehors* ; qui ont les hanches ouvertes , les genoux et les pieds tournés en dehors ; ces principales qualités facilitent l'étude du danseur, et il réussira avec beaucoup d'avantage ; mais celui *qui est naturellement en dedans*, malgré le travail le plus opiniâtre, échouera dans son entreprise. Ses pieds peuvent encore se tourner, et les pointes se baisser à moitié, mais les hanches et les genoux resteront toujours dans leur état primitif (1).

Rien n'est plus agréable à voir qu'un danseur qui possède les belles qualités dont j'ai parlé, et qui vous montre sans cesse un pied bien attaché, et dont les pointes sont fermes et basses.

(a) * Dans vos exercices, dans la *leçon*,

---

(1) Pour éviter ces grands inconvéniens à ceux qui desirent devenir des danseurs, on ne saurait trop examiner leur structure et leurs formes, avant de les destiner à l'art de la danse, dans lequel on ne peut réussir sans les dons de la nature.

(a) Nous observerons ici que tous les articles marqués d'une étoile *, et qui se trouvent plusieurs fois dans cet ouvrage , n'ont été répétés que par rapport à la nécessité de les rappeler dans ces passages , sans renvoyer le lecteur aux chapitres qui les renferme.

soignez également vos jambes, de sorte que l'une dans son exécution ne le cède point à l'autre. J'aime à les voir lutter d'égale force, et que toutes deux me prouvent qu'elles ont vaincu les grandes difficultés. *

Dans votre étude soignez les coude-pieds; gardez-vous de les lâcher, ce serait un grand défaut, ainsi que d'avoir les pointes hautes ou inégales ; mettez de la souplesse, de la grace dans leurs mouvemens (1), et

---

(1) MOUVEMENS DES JAMBES.

Le *mouvement du coude-pied* est celui qui consiste dans l'élévation et l'abaissement de la pointe du pied. De tous les *mouvemens*, c'est le plus nécessaire parce qu'il soutient le corps entier dans son équilibre. Si vous sautez, le coude-pied par sa force, vous relève avec vivacité, et vous fait tomber sur les pointes.

Le *mouvement* du genou ne diffère de celui du coude-pied qu'en ce qu'il n'est parfait qu'autant que la jambe est étendue et la pointe basse. Il est inséparable du *mouvement* du coude-pied.

Le *mouvement* de la hanche est un *mouvement* qui conduit celui du coude-pied et du genou. Il est impossible que les genoux et les pieds se meuvent, si les hanches ne se tournent pas les premières. Il y a des pas où la hanche seule agit, comme dans les entrechats et les battemens tendus, etc.

fortifiez-les pour les temps de vivacité, de vigueur et d'élévation. Des danseurs qui n'ont pas une élévation naturelle, ou qui sont faibles des jarrets, doivent avoir recours aux coude-pieds; ils pourront en obtenir quelque avantage compensateur; mais cela demande un grand travail, qui ne soit jamais interrompu par un jour de relâche: ils parviendront aussi à acquérir de la vigueur, et plus encore de la vivacité. Attachez-vous surtout à gagner de l'aplomb, et soyez inébranlable dans l'exécution générale de votre danse.

Les développés des jambes doivent être faciles, moëlleux et faits avec élégance (1);

---

(1) « Quantité de danseurs s'imaginent qu'il « n'est question que de plier le genou très-« bas, pour être *liant* et *moëlleux*; mais ils « se trompent à-coup-sur; car la flexion trop « outrée donne de la sécheresse à la danse. « On peut être très-doux et *saccader* tous les « mouvemens, en pliant bas comme en ne « pliant pas. La raison en est simple, natu-« relle et évidente, lorsque l'on considère que « les temps et les mouvemens du danseur sont « exactement subordonnés aux temps et aux « mouvemens de la musique. En partant de « ce principe, il n'est pas douteux que fléchis-

44

il faut que leurs mouvemens s'operent toujours suivant les règles , et que leur dessin gracieux soit sans cesse en harmonie
avec la position du corps et des bras (1).

« sant les genoux plus bas qu'il ne faut, rela-
« tivement à l'air sur lequel on danse, la me-
« sure alors traîne, languit et se perd. Pour
« regagner le temps que la flexion lente et
« outrée a fait perdre, et pour le rattraper, il
« faut que l'extension soit prompte; et c'est
« ce passage subit et soudain de la flexion à
« l'extension, qui donne à l'exécution une sé-
« cherèsse et une dureté tout aussi choquan-
« tes et aussi désagréables, que celles qui ré-
« sultent de la roideur.

« Le moëlleux dépend en partie de la flexion
« proportionnée des genoux; mais ce mouve-
« ment n'est pas suffisant : il faut encore que
« les coude-pieds fassent ressort, et que les
« reins servent, pour ainsi dire, de contre-
« poids à la machine pour que ces ressorts
« baissent et haussent avec douceur, et qu'ils
« accompagnent et soyent en harmonie avec
« le contour. »

(1) Si le danseur est long de buste, il doit
s'appliquer à lever les jambes plus haut qu'à
l'ordinaire; par ce moyen il fera disparaître le
défaut qui existe dans la longueur de sa construction; et s'il est court de buste, il doit sans

Dans les pas, dans les temps de vigueur, mettez de la force et de l'énergie ; mais prenez garde que ces qualités ne dégénèrent en défauts, c'est-à-dire par de la roideur, et par une pénible et désagréable tension de nerfs.

Le sujet qui est *arqué* doit s'exercer continuellement à tendre les genoux, et à leur donner du moëlleux et de la souplesse, pour faire disparoître la roideur qui lui sera naturelle ; cependant un tel danseur ne réussira jamais complettement dans la danse noble ; il faut alors qu'il s'adonne au demi-caractère, et peut-être ferait-il beaucoup mieux d'embrasser le genre villageois, et de s'étudier dans les pas caractéristiques.

Le *jarreté* doit s'appliquer toujours à ployer un peu ses genoux, et à ne jamais les maintenir tendus ; surtout dans les temps de vigueur et dans l'entrechat (à la fin des développemens, des pas, des attitudes ou des poses, cette règle veut des exceptions).

La construction du *jarreté* est la plus agréa-

---

cesse maintenir ses jambes au-dessous de la hauteur que prescrit la règle commune.
(Voyez en même-temps la note (1), pag. 59).

ble, et est assez convenable au genre sérieux et au demi-caractère. Un danseur *jarrété* sera en général beaucoup plus adroit que le danseur *arqué*; il aura plus d'aisance, plus de grace dans l'exécution ; ses mouvemens seront faciles et délicats ; mais il n'aura pas toute cette force qui dégénère parfois en roideur, et que l'on trouve presque toujours chez le second (1). Ce danseur pourra même prétendre à parvenir dans tous les genres qu'il adoptera, pourvu que la hauteur de sa stature ne s'y oppose pas (2).

---

(1) Comme cet artiste n'aura pas aussi une grande vigueur, il sera obligé alors, comme je l'ai déjà dit, de recourir aux moyens qu'offrent les coude-pieds ; quoique son entrechat ne soit pas aussi brillant, il sera plus correct et plus gracieux.

(Voyez chap. 6, Entrechat.)

(2) « Un homme est *jarrété*, lorsque sés « hanches sont étroites, et en dedans, ses cuis- « ses rapprochées l'une de l'autre, ses genoux « gros et si serrés qu'ils se touchent et se « collent étroitement, quoique ses pieds soyent « distants l'un de l'autre, ce qui forme à-peu- « près la figure d'un triangle, depuis les ge- « noux jusqu'aux pieds ; on observera encore

Simple position des Jambes, fig. 1, planche I.

Premières positions de la danse.

Première position, fig. 1, planc. I.

« un volume énorme dans les chevilles inté-
« rieures, une forte élévation dans le coude-
« pied, et le *tendon d'Achille* est en lui non-
« seulement grêle et mince, mais il est même
« fort éloigné de l'articulation.

(Voyez planc. III, fig. 5).

« Le danseur *arqué* est celui en qui on re-
« marque le défaut contraire. Ce défaut regne
« également depuis la hanche jusqu'aux pieds;
« car ces parties décrivent une ligne qui donne
« en quelque sorte la figure d'un arc; en effet
« les hanches sont évasées, et les cuisses et
« les genoux sont ouverts, de manière que le
« jour qui doit se rencontrer naturellement
« entre quelques-unes de ces parties des ex-
« trémités inférieures lorsqu'elles sont jointes,
« perce dans la totalité, et paraît beaucoup
« plus considérable qu'il ne devrait l'être. Les
« personnes ainsi construites ont d'ailleurs le
« pied long et plat, la cheville extérieure
« saillante, et le *tendon d'Achille* gros et rap-
« proché de l'articulation.

(Voyez planc. III, fig. 4).

« Ces deux défauts diamétralement opposés l'un
« à l'autre, prouvent avec plus de force que

Seconde position, fig. 11, pl. II.
Seconde position sur les pointes, fig. 3,
planc. II.

« tous les discours, que les leçons, qui con-
« viennent au premier, seraient nuisibles au
« second, et que l'étude de deux danseurs,
« aussi différens par la taille et par la forme,
« ne peut être la même. Celui qui est *jarreté*
« doit s'appliquer continuellement à éloigner
« les parties trop resserrées; le premier moyen
« pour y réussir, est de tourner les cuisses en
« dehors, et de les mouvoir, dans ce sens, en
« profitant de la liberté du mouvement de
« rotation du *fémur* dans la cavité *cotyloïde*
« des os des hanches. Aidé par cet exercice,
« les genoux suivront la même direction, et
« rentreront, pour ainsi dire, dans leur place.
« La *rotule* qui semble destinée à limiter le
« rejet du genou trop en arrière de l'articu-
« lation, tombera perpendiculairement sur la
« pointe du pied; et la cuisse et la jambe ne
« sortant plus de la ligne, en décriront alors
« une droite qui assurera la fermeté et la sta-
« bilité du tronc.

« Le second remède à employer, est de con-
« server une flexion continuelle dans l'articu-
« lation des genoux, et de paroître extrême-
« ment tendu sans l'être en effet; c'est là
« l'ouvrage du temps et de l'habitude; lors-

Troisième position, fig. 3, planc. I.
Quatrième position (vue de profil), fig. 1,
  planc. II.

« qu'elle est fortement contractée, il est com-
« me impossible de reprendre sa position na-
« turelle et vicieuse, sans des efforts qui
« causent dans ces parties un engourdissement
« et une douleur insupportables. Ceux qui sont
« *arqués*, ne doivent s'attacher qu'à rappro-
« cher les parties trop distantes, pour diminuer
« le vide qui se rencontre principalement entre
« les genoux; ils n'ont pas moins besoin que
« les autres de l'exercice qui meut les cuisses
« en dehors, et il leur est même moins facile
« de déguiser leurs défauts. Communément ils
« sont forts et vigoureux, ils ont par consé-
« quent moins de souplesse dans les muscles,
« et leurs articulations jouent avec moins d'ai-
« sance. On comprend au surplus que si ce
« vice de conformation provenait de la diffor-
« mité des os, tout ce travail serait inutile, et
« les efforts de l'art impuissans. J'ai dit que
« les danseurs *jarretés* doivent conserver une
« petite flexion dans l'exécution; ceux-ci, par
« la raison contraire, doivent être exactement
« tendus, et croiser leurs temps bien plus
« étroitement, afin que la réunion des parties
« puisse diminuer le jour ou l'intervalle qui
« les sépare naturellement. »

4

Cinquième position, fig. 4, planc. I.

Cinquième position sur les pointes, fig. 5, planc. I.

NB. A la seconde position, la distance qui existe d'un talon à l'autre n'est que de la longueur du pied. A la troisième position, les pieds ne doivent être croisés qu'à moitié.

Ployé à la première position, fig. 4, pl. II.

NB. On a omis, pour ne pas multiplier les planches, les positions sur les pointes, de la première, de la troisième et de la quatrième; ainsi que les ployés des quatre autres premières positions de la danse; ces positions sont très-faciles, et l'on peut, sans les figures, en concevoir et en produire l'effet.

Manière de se tenir en s'exerçant, fig. 5, planc. II.

Construction physique du jarreté, fig. 5, planc. III.

Construction physique de l'arqué, fig. 4, planc. III.

NB. Le dessinateur a un peu exagéré les contours de ces figures, pour faire mieux sentir à l'élève les défauts de ces constructions.

Danseur à la seconde en l'air, et sur le talon, fig. 5, planc. II.

Danseur à la seconde en l'air, et sur les pointes, fig. 1, planc. VI.

Danseur à la seconde en l'air , en avant
(vu de profil) , fig. 1 , pl. IV.

Danseur à la quatrième en l'air , en avant,
sur les pointes (vu de face) , fig. 2 ,
planche IV.

Danseur à la quatrième , en l'air , der-
rière (vu de profil) , fig. 3 , pl. IV.

Positions des jambes dans les poses , et
dans différentes attitudes , planc. V, VI,
VII, VIII et IX.

Positions des jambes dans les arabesques ,
planc. X , XI et XII.

NB. Dans les arabesques , et dans diverses
attitudes , les pieds ne doivent pas être entièrement tournés; sans cela ces positions n'auraient
point de grace.

CHAPITRE TROISIÈME.

ÉTUDE DU CORPS.

Il faut que le corps soit toujours droit, et d'aplomb sur les jambes, excepté dans quelques attitudes, et principalement dans les *arabesques*, où il faut le pencher, le jetter en avant ou en arrière, selon la position ; cependant il faut qu'il se trouve sans cesse assis sur les hanches, en équilibre sur ses pivots. Faites ressortir la poitrine, rentrez le plus que vous pourrez la ceinture, cambrez-vous un peu, et raffermissez les reins (1) ; il faut que les épaules

(1) « On ne peut être excellent danseur, « sans être ferme sur ses reins, eût-on même « toutes les qualités essentielles à la perfection « de cet art. Cette force est, sans contredit, « un don de la nature. N'est-elle pas cultivée « par les soins d'un maître habile ? Elle cesse « dès-lors d'être utile. Nous voyons journelle- « ment des danseurs fort vigoureux, qui n'ont

soyent basses, que la tête soit élevée, et
que le regard soit aimable.

Le danseur, pour se rendre agréable à

« ni *aplomb*, ni fermeté, et dont l'exécution
« est *déhanchée*. Nous en rencontrons d'autres,
« au contraire, qui n'étant point nés avec cette
« force, sont, pour ainsi dire, assis solide-
« ment sur leurs hanches, qui ont la ceinture
« assurée et les reins fermes. L'art chez eux
« a suppléé à la nature, parce qu'ils ont eu
« le bonheur de rencontrer d'excellens maîtres,
« qui leur ont démontré que lorsqu'on *aban-*
« *donne les reins*, il est impossible de se sou-
« tenir dans une ligne droite et perpendicu-
« laire ; que l'on se dessine de mauvais goût,
« que la vacillation et l'instabilité de cette
« partie s'opposent à l'*aplomb* et à la fermeté ;
« qu'ils impriment un défaut désagréable dans
« la ceinture ; que l'affaissement du corps ôte
« aux parties inférieures la liberté dont elles
« ont besoin pour se mouvoir avec aisance ;
« que le corps dans cette situation est comme
« indéterminé dans sa position ; qu'il entraîne
« souvent les jambes ; qu'il perd à chaque ins-
« tant le centre de gravité, et qu'il ne re-
« trouve enfin son équilibre qu'après des ef-
« forts et des contorsions, qui ne peuvent
« s'associer aux mouvemens gracieux de la
« danse. »

l'œil du spectateur, doit toujours, sans affectation manièrée cependant, se complaire
lui-même dans son maintien, dans la tour-
nure de son corps, dans l'heureux développement de ses membres, et dans l'élégance de ses positions ; on lui saura gré
du soin qu'il prendra à faire briller en lui
tous ces avantages.

Un *beau-haut* du corps est une des parties essentielles qui constitue le mérite de
l'artiste. Effacez votre buste (1) avec élégance, donnez-lui, dans ses oppositions
et dans ses mouvemens, de la grace, de la
souplesse, de l'abandon, sans jamais lui
faire perdre la beauté de sa pose, en conservant rigoureusement la pureté du dessin.

Les épaules, la tête et le buste, doivent être soutenus, et ornés par les mouvemens des bras, et ils doivent les suivre
avec grace, pour que tout l'ensemble présente une agréable harmonie (2).

---

(1) Les statuaires, les peintres, les antiquai-
res donnent à cette partie supérieure du corps
le nom de *Torse*; mais nous sommes obligés
ici de nous servir des termes usités le plus
généralement dans nos écoles de danse.

(2) Les mouvemens des jambes, comme l'ap-

Dans l'exécution des pas, il faut que le corps soit tranquille, inébranlable, ferme, sans roideur, mais flexible suivant tous les mouvemens des jambes et des bras. Celui qui pendant sa danse ferait mouvoir le corps par secousses, qui hausserait ses épaules par le contre-coup des jambes, qui plierait ou lâcherait les reins, pour faciliter l'exécution des temps, et qui, par les grimaces de sa figure, nous démontrerait toute la peine que lui coûte son travail, serait un objet absolument ridicule ; le nom de grottesque lui siérait mieux que celui de danseur (1).

----

prend le chapitre précedent, doivent nécessairement participer de cet ensemble harmonieux.

(1) J'ai été souvent témoin de ce désordre, et il doit être attribué à la négligence des maîtres, qui livrent trop tôt leurs écoliers à eux-mêmes, et qui s'empressent de les voir se montrer sur le théâtre, avant d'avoir accompli leurs études.

Quelquefois aussi le public, par de trop complaisans applaudissemens, ou par défaut de connaissances et de goût, augmente la tourbe de cette espèce de sauteurs, qui se persuade

Simple position du corps, fig. 1, pl. I.

Épaulement, opposition du corps, fig. 3 et 4, pl. I.

Positions du corps dans les poses, et dans les différentes attitudes, planc. V, VI, VII, VIII et IX.

Positions du corps dans les arabesques, planc. X, XI et XII.

NB. Dans les arabesques, le corps s'éloigne de la perpendiculaire, et doit se pencher avec un agréable abandon.

---

avoir atteint le but de l'art, parce

« Que le vulgaire s'extasie

« Aux tours de force, aux entrechats!..... »

l'Hospital.

On devrait bannir de la scène ces méchants danseurs, qui n'ont d'autre talent que celui d'entretenir le mauvais goût.

CHAPITRE QUATRIÈME.

ÉTUDE DES BRAS.

––––––––

La position, les oppositions (1), et sur-

(1) « De tous les mouvemens qui se font
« en dansant, c'est l'opposition ou contraste
« du bras au pied, qui nous est la plus na-
« turelle, et à laquelle on fait le moins d'at-
« tention.

« Par exemple, regardez marcher différentes
« personnes, vous verrez que lorsqu'elles portent
« le pied droit en avant, ce sera le bras gau-
« che qui s'opposera naturellement; ce qui me
« paraît être une règle certaine. C'est de cette
« même règle que les habiles danseurs ont
« conduit leurs bras; l'opposition du bras au
« pied, qui est, que lorsque vous avez le
« pied droit devant, c'est le bras gauche qui
« doit être opposé (a). »

––––––––

(a) Il nous semble que l'explication de l'Opposition,
donnée par Noverre, dont nous nous faisons ici une
juste autorité, ne présente pas toute la clarté que ce
sujet exige. Aussi l'avons nous vue toujours être elle-
même un objet de controverse parmi les artistes.

tout les mouvemens ou le port des bras (1),
sont, peut-être, les parties les plus difficiles

---

(1)   MOUVEMENS DES BRAS.

Le mouvement du poignet se prend de deux
manières, savoir du haut en bas, et du bas en
haut. Lorsque vous voulez prendre du haut en
bas, il faut laisser plier le poignet en dedans,
faisant un rond de la main, qui de ce même
mouvement se remet dans la première situation où elle était : mais il faut prendre garde
de ne point trop plier le poignet ; car il paraîtrait cassé. Quant au second mouvement,
qui se prend du bas en haut, il faut plier le
poignet en l'arrondissant, puis laisser retour-
ner la main en haut, faisant un demi-tour, et

Essayons de la rendre moins obscure. L'opposition
d'une partie d'un corps solide quelconque, qui se meut,
à une autre partie, est une loi d'équilibre qui divise
les forces gravitantes. C'est ce que nous dit Noverre
dans l'exemple qu'il apporte de la marche de l'homme:
ainsi quand il ajoute que l'*Opposition* est, lorsque l'homme, ou le danseur, a le pied droit devant, c'est-à-dire
qu'il le porte en avant, il veut indiquer, que le bras
gauche doit, pour balancer la déclinaison de la ligne
du centre de gravité, se porter en même-temps en avant;
ce qui donne de plus au danseur infiniment de grace,
parce qu'il doit toujours éviter l'uniformité des lignes,
comme la peinture le recommande à ses élèves. (Voyez
Exem. d'oppos., fig. 3, pl. 1; fig. 4, pl. IV; toutes les
figures, pl. VIII).

de la danse , et qui demandent un grand

---

par ce mouvement la main se trouve à la première position des bras.

Le coude, comme le poignet, a son mouvement de haut en bas, et de bas en haut ;
avec cette différence, que lorsque vous pliez
les coudes, les poignets les accompagnent ; ce
qui empêche que les *bras* ne soient roides, et ce
qui leur donne beaucoup de grace. Néanmoins il
ne faut pas tant plier le poignet, parce qu'il
paraîtrait outré, et il en est de même des
jambes, quand vous pliez le genou ; c'est le
coude-pied qui achève le mouvement, en re-
levant le pas ; et il en est de même du coude
avec le poignet.

Ainsi pour les mouvoir de haut en bas, les
bras étant placés, il faut plier le coude et le
poignet : et lorsque les bras sont pliés, vous
achevez de les étendre. Ensuite ils se remet-
tent dans la situation où ils étaient. Lorsque
vous prenez un mouvement des poignets, ils
doivent se plier et s'étendre de même que
lorsqu'ils se plient avec les coudes.

Quant au second mouvement qui se prend
de bas en haut, les mains se trouvant en dessous, il faut plier les poignets et les coudes,
en faisant seulement un cercle, et en observant
que les deux bras doivent se plier également
l'un contre l'autre, et revenir à leur première
attitude.

travail, et un soin extrême. Le danseur qui placera bien ses bras, et qui les fera mouvoir gracieusement, selon toutes les règles de l'art, décélera une bonne école, et l'exécution de sa danse sera accomplie (1).

Si la nature ne vous a point favorisé,

---

(1) Très-peu de danseurs se sont distingués par la belle manière de faire agir les bras. Cela provient et de la médiocrité des principes qu'ont reçu les élèves, ou de leur négligence, parce qu'ils croyent qu'en ayant une brillante exécution des jambes, ils peuvent se passer du bel ornement des bras, et s'exempter les difficultés de l'étude qu'ils exigent. Ces faibles artistes se trompent; ils seront justement appréciés, et ne serviront qu'à grossir la foule des danseurs imparfaits. Il ne s'agit pas seulement de danser avec les jambes; il faut aussi danser avec les bras et avec le corps.

« Les bras qui accompagnent bien le corps « en dansant, font comme la bordure fait à « un tableau : car si elle n'est faite de façon « qu'elle puisse convenir au tableau, quelque « beau qu'il soit, il n'est pas si apparent : « ainsi, quelque bien qu'un danseur fasse les « pas, s'il n'a pas les bras doux et gracieux, « sa danse ne paraîtra pas animée, et par conséquent fera le même effet que le tableau « hors de sa bordure. »

en vous donnant de beaux bras arrondis
et bien faits, vous ne sauriez alors trop
vous livrer à l'étude, pour la forcer de sup-
pléer à ses dons : mais par un exercice ré-
fléchi vous pourrez parvenir à donner de
l'élégance, de la grace à des bras maigres,
et vous ferez même disparaître leur longueur, en sachant les arrondir avec art (1).

Un bon danseur doit tout entreprendre
pour corriger, ou pour cacher les défauts
de sa construction; c'est un des talens que
doit posséder celui qui veut mériter d'être
rangé parmi les artistes. Il faut que les bras
soyent sans cesse arrondis tellement, que
la pointe des coudes soit invisible; sans
cela, ils formeraient des angles, qui leur
enleveraient la grace et le contour moëlleux, qu'ils doivent toujours présenter; au
lieu des lignes droites, obliques, ou cour-
bées en demi-cercle (2), nous n'en verrions

---

(1) Il faut aussi savoir placer ses bras selon
sa construction physique. Si le danseur a la
taille courte, il doit porter en général ses bras
plus haut que ne l'indiquent les règles reçues;
et, s'il a la taille longue, ils doivent être placés
plus bas qu'à l'ordinaire.

(2) Voyèz la plan. I, fig. 1, 4 et 5.

que d'angulaires, et dépourvues d'élégance(1).
Le danseur qui serait placé de cette manière, répugnerait au bon goût; et ses positions, ses attitudes, devenues grotesques
et caricatures, seraient un objet de ridicule
pour le dessinateur.

La *saignée* (2) doit être au niveau du
creux de la main. Soutenez les poignets, et
ne les pliez pas trop; car ils paraîtraient
cassés: l'épaule doit être basse et toujours
immobile; les coudes soutenus; et les doigts
seront gracieusement réunis et groupés. Il
faut que la position et le port des bras
se montrent avec aisance et avec douceur.
Bannissez-en la roideur, et ne les aban-
donnez jamais à des mouvemens exagérés.
Ne les faites point mouvoir par secousses,
ni par saccades, ce serait un grand défaut
qui dégraderait l'artiste le plus parfait dans
l'exercice de ses jambes.

---

(1) Voyez la plan. III, fig. 1, 2 et 3.
(2) Nous devrions dire le Point de réunion
de l'*humerus* ou avant-bras, avec le *radius*
ou le bras, mais nos élèves le connaissent mieux
par la désignation de la *Saignée*.

Simple position des bras, fig. 1, pl. I.

Position du poignet et des doigts, fig. 1,
pl. I.

Bras à la seconde, fig. 1, pl. I.

Bras en opposition, fig. 4, pl. I.

Bras Arrondis au-dessus de la téte, fig. 5,
pl. I.

Demi-bras, fig. 2, pl. II.

Opposition des demi-bras, fig. 3, pl. I.

*Positions des bras dans les différentes at-
titudes*, planc. V, VI, VII, VIII et IX.

Positions des bras dans les arabesques,
pl. X, XI et XII.

NB. On doit remarquer que dans les arabesques la position des bras s'écarte de la règle commune, et c'est au goût du danseur à
savoir les placer le plus gracieusement possible.

*Position de la main dans différentes atti-
tudes et dans les arabesques*, fig. 5,
planc. V.

Positions défectueuses des bras, fig. 1,
2 et 3, planc. III.

CHAPITRE CINQIÈME.

POSITIONS PRINCIPALES ET LEURS DÉRIVÉS;
PRÉPARATIONS, TERMINAISONS DES PAS ET DES TEMPS; POSES,
ATTITUDES, ARABESQUES, GROUPES, ATTITUDES DE GENRE.

* Soignez la tenue du corps et le port des bras ; il faut que leurs mouvemens soyent doux, gracieux, et toujours d'accord avec ceux des jambes. Il doit exister sans cesse une parfaite harmonie dans l'exécution de toutes les parties du corps *.

* Dessinez-vous avec goût et naturellement dans la moindre des poses (1) ; il faut

(1) Remarquez que jusques dans la moindre des poses il faut épauler le corps, et surtout la tête (voyez la plan. V, etc.) ; car sans cela vous n'auriez aucune expression, et votre position ou attitude deviendrait fade. Dans quelques-unes des premières positions de la danse, la tête est placée en face ; ce sont des poses d'étude.

Moti della testa.

« Non farai mai la testa dritta sopra le spal-

que le danseur puisse, à chaque instant, servir de modèle au peintre, au sculpteur * (1).

« le, ma voltata in traverso, a destra o a si-
« nistra, ancorchè elle guardino in su o in
« giù, o dritto, perchè gli è necessario fare
« i lor moti che mostrino vivacità desta e
« non addormentata. »

Appliquez-vous à donner un parfait équilibre au corps; et pour arriver à ce point certain, ne vous écartez pas de la perpendiculaire, qui doit prendre du centre des deux clavicules, et qui s'abaisserait, en traversant les chevilles des deux pieds. (Voyez les fig. 4 et 5, planc. I; fig. 5, planc. II; fig. 1, pl. IV; fig. 1, 2, 3 et 4, planc. V; fig. 4, pl. VII). V. la note (1), page 52.

DELL' ATTITUDINE.

« La fontanella della gola cade sopra il
« piede, e gittando un braccio innanzi, la fon-
« tanella esce di essi piedi; e se la gamba
« getta indietro, la fontanella va innanzi, e così
« si rimuta in ogni attitudine. »

(1) Il faut que le danseur, tout en se plaçant gracieusement, s'attache, pour avoir de l'aplomb, à former un juste contre-poids des autres parties du corps pour se soutenir sur une seule jambe, et même pour être bien

* Mettez de l'expression de l'ame, de

posé sur les deux. (Voyez les planc. VIII, X, XI, XII, etc.)

DELLA PONDERAZIONE DELL'UOMO SOPRA I SUOI PIEDI.

« Sempre il peso dell'uomo che posa sopra « una sola gamba, sarà diviso con egual parte « opposita sopra il centro della gravità che « sostiene. » (Voyez la fig. 1, planc. X). Le centre de gravité de l'homme qui agit, doit exister sur la jambe qui est à terre. (Voyez la fig. 1, planc. VIII, etc.).

« L'uomo che si muove avrà il centro della « sua gravità sopra il centro della gamba che « posa in terra. »

DELLA EQUIPONDERANZA (CONTRE-POIDS).

« Sempre la figura che sostiene il peso fuor « di se e della linea centrale della sua quan- « tità, debbe gettar tanto peso naturale o ac- « cidentale dall'opposita parte, che faccia equi- « ponderanza de' pesi intorno alla linea cen- « trale che si parte dal centro della parte del « piè che si posa, e passa per tutta la soma « del peso sopra essa parte de' piedi in terra « posata. (Voyez la fig. 2, pl. VIII, etc.) »

Dans les attitudes qui se font dans l'instant où le danseur s'élève, ainsi que dans de cer- tains arabesques penchés comme l'offre la fig. 3,

l'abandon dans vos attitudes, dans vos arabesques et dans vos groupes * (1).

La position, que les danseurs appellent particulièrement l'*attitude*, est la plus belle de celles qui existent dans la danse, et la plus difficile dans son exécution; elle est, à mon avis, une espèce d'imitation de celle que l'on admire dans le célèbre *Mercure* de J. Bologne (2). Le danseur qui se com-

---

planc. XI, on ne doit pas observer le centre de gravité qui existe dans les fig. des pl. I, II, III, IV, etc. (Voyez pour cette remarque la fig. 1, pl. IX, fig. 1, pl. X, etc.)

Della figura che va contro 'l vento.

« Sempre la figura che si muove contra 'l vento per qualunque linea, non osserva il centro della sua gravità con debita disposizione sopra il centro del suo sostentacolo. » (Voyez fig. 2, 4, et la fig. 3, dirigée du côté opposé, planc. XIII).

(1) Voyez les fig. 1, 2, 3, et la fig. 4, pl. XIV qui représentent le groupe principal d'une Bacchanale que je composai la première année que je fus engagé au théâtre de la *Scala* à Milan, théâtre fameux par la magnificence de ses spectacles, et par les grands talens qui s'y sont fait admirer.

(2) Voyez la fig. 1, pl. VIII, et la fig. 2 de

posera bien dans l'attitude sera remarqué,
et prouvera qu'il a acquis des connaissances nécessaires à son art.

Rien n'est plus gracieux que ces attitudes
charmantes que nous nommons *arabesques* (1); les bas-reliefs antiques, quelques
fragments de peintures grecques, ainsi que
celles *à fresque*, des loges du Vatican,
d'après les délicieux dessins de Raphaël,
nous en ont fourni l'idée (2).

---

la même planche, qui sert à nous la montrer
de profil. Voyez en même-temps la fig. 1 de
la pl. IX représentant la statue de Mercure.

(1) Voyez la note (2), pag. 24.

(2) Les artistes doivent aussi apprendre à
se dessiner d'après ces sculptures et ces peintures, remplies d'esprit et de graces; c'est à
cette source qu'il faut toujours recourir pour
former son goût à l'élégance et à la pureté du
dessin. Dans cette Bacchanale, dont j'ai parlé ci-
dessus note (1), p. 67, j'introduisis avec succès,
pour donner à mes tableaux plus de caractère,
et pour la rendre plus vraie et plus piquante,
des attitudes, des arabesques et des groupes
que m'offrirent les peintures, les bronzes et
les marbres qui nous sont parvenus des fouil-

Poses , préparations , et terminaisons des pas et des temps, fig. 4, pl. IV; fig. 1, 2, 3 et 4, pl. V.

NB. On peut aussi terminer des pas et des enchaînemens en attitudes et en arabesques.

Attitudes différentes, pl. VI et VII.

L'attitude, fig. 1 , pl. VIII.

L'attitude vue de profil, fig. 2, pl. VIII.

Manières diverses de se poser en attitude, fig. 3 et 4, pl. VIII.

Dérivés de l'attitude, fig. 2 et 3, pl. IX.

Attitude, exemple, Mercure de J. Bolologne, fig. 1, pl. IX.

Arabesques, pl. X, XI et XII.

Arabesques sur les deux pieds, fig. 4, pl. VII.

Arabesques à dos tourné, fig. 3 et 4, pl. XI; fig. 4, pl. VII.

Groupes , attitudes de genre, pl. XIV.

---

les d'Herculanum (a). Ces précieux monumens de l'antiquité, qui honorent le pinceau et le ciseau grec, doivent servir de modèles et d'études au peintre, au sculpteur, et peuvent aussi être très-utiles à l'art du danseur.

(a) Voyez la fig. 4 de la pl. XIV , groupe principal de la Bacchanale.

NB. On a omis, par les motifs déjà exprimés, les attitudes, et certains arabesques posés à pied plat, ainsi que les mêmes arabesques sur les deux pieds, qui ne se font qu'en posant à terre la jambe, qui est en l'air, comme le représente la fig. 4, planc. VII, qui dérive de l'arabesque, fig. 4, planc. XI.

On peut multiplier à l'infini les poses, les attitudes et les arabesques; car un petit épaulement de corps, des oppositions de bras, ou de simples mouvemens de jambes, où le tout ensemble est heureusement combiné, doivent en produire un très-grand nombre.

L'exécution gracieuse appartient toute au goût de l'artiste, et c'est à lui à en savoir faire un bon usage, et à bien les approprier au genre et au caractère de sa danse. Ces attitudes modifiées sont très-en usage dans les enchaînemens des groupes, fig. 1, 2, 3 et 4, planc. XIV. « En composant, en *réglant*, soyez peintre; que tout dans votre tableau soit en harmonie, et que les effets principaux ayent une vive expression, qu'accompagne une grace séduisante. »

CHAPITRE SIXIÈME.

DES TEMPS, DES PAS, DES ENCHAÎNEMENS ET DE L'ENTRECHAT.

———————

ATTACHÉZ-VOUS à la correction et à la précision dans votre danse ; que tous vos temps soyent règlés d'après les meilleurs principes que vous avez reçus, et que l'exécution de vos pas soit toujours élégante et gracieuse *.

Il faut que les mouvemens des grands temps soyent larges, moëlleux, et faits avec majesté, et qu'en les exécutant, le danseur montre une grande précision, de la fermeté et de l'aplomb en les terminant. Dans les temps terre-à-terre, vous ne sauriez assez faire jouer le ressort des coude-pieds, pour en rendre l'exécution plus agréable et plus gracieuse, et renforcer et baisser les pointes pour la rendre vive et brillante.

L'artiste doit s'attacher à nuancer ses pas le plus qu'il lui sera possible, et il faut que son exécution correcte en marque la diversité ; c'est-à-dire , que dans les pas d'aplomb et d'attitude il montre de la souplesse, et se dessine scrupuleusement dans toutes les règles de l'art ; il faut que dans les pas d'élévations il déploye sans cesse un mâle vigueur, et que ses pas terre-à-terre viennent faire opposition à ces derniers , par l'agilité qu'il aura dans les jambes. Mais qu'il se rappelle que le choix des pas soit toujours propre au genre qu'il a adopté , et convenable à sa construction physique.

Dans les enchaînemens , c'est la variété et la nouveauté qu'on doit rechercher ; il faut que l'artiste en étudie soigneusement la composition, et que son goût lui indique l'art d'être agréable. Ne mettez jamais dans un enchaînement de grands temps, des pas de force, ou d'une élévation exagérée; évitez de rallentir et de refroidir par des poses ou des développemens, l'effet d'un enchaînement de temps, de pas de vigueur, réglés sur un motif musical , vif et précipité (1).

* Soyez vigoureux, mais sans roideur ;

_____

(1) Voyez la note (2), pag. 32.

que votre entrechat (1) soit croisé, et passé
avec franchise et netteté. Travaillez pour

(1) *Entrechat:* saut léger et brillant, pendant
lequel les deux pieds du danseur se croisent rapidement, pour retomber à la cinquième position,
ou en attitude sur une jambe (a); comme dans
l'entrechat à cinq, à sept, à neuf; dans la *cabriole*, dans les *brisés*, etc., dans les *ronds-de-
jambes en l'air*, etc. L'*entrechat* se prend sur
place, par un *assemblé*, par un *coupé* ou par
un *jetté*. Le corps s'élance en l'air, et les jambes
passent à la cinquième position. On passe des
entrechats à quatre, à six, à huit, à dix, et
même on peut les passer à douze. L'on a vu un
danseur le *frotter* jusqu'à quatorze; mais ce sont
des tours de force, toujours désagréables, et qui
ne produisent autre chose que l'étonnement de la
force musculaire du sauteur. Le danseur ne peut
alors achever ses temps, et son corps ébranlé par
des mouvemens aussi rapides, fait des contorsions
qui blessent la vue. Les plus beaux *entrechats*
sont l'entrechat à six et l'entrechat à six ouvert,
qui se fait en ouvrant le troisième temps (voyez
pl. XII, fig. 4), et l'entrechat à huit.

(a) On peut terminer tous les entrechats que l'on finit sur une jambe, ainsi que les *ronds-de-jambes en l'air*,
dans les attitudes et les arabesques qu'offrent les planches indiquées dans le chapitre précedent.

acquérir une élévation facile; c'est une belle qualité chez le danseur qui lui est néces-

---

Entrechats différents: entrechat à cinq dessus; entrechat à cinq dessous; brisé de côté, dessus et dessous; en arrière et en avant; entrechat à cinq de côté, et en arrière; sissonne battue en avant et sissonne battue derrière; entrechat à quatre sur une jambe; entrechat à sept en avant et en arrière; la cabriole à un et à deux temps; la cabriole italienne en avant et en arrière; les deux ronds-de-jambes en dehors et en dedans, etc.

On fait aussi tous ces entrechats en tournant, excepté les brisés dont j'ai parlé, les entrechats à cinq de côté et en arrière, et la cabriole. L'entrechat à sept en avant est de ce nombre. L'entrechat à six se fait en tournant.

Observations sur l'entrechat, et sur la manière de battre *et* croiser *les temps, des danseurs* jarretés *et* arqués.

JARRETÉS.

La contraction des muscles dans les efforts du saut roidit les articulations, et contraint chaque partie à rentrer dans sa place et à revenir à sa forme naturelle; les genoux, ainsi forcés, se portent donc en dedans, ils reprennent leur volume; ce volume met un obstacle aux battemens de l'entrechat. Plus ces parties se joignent, et plus celles qui leur sont inférieures s'éloignent, les jambes ne

saire pour l'exécution des temps de force

pouvant ni battre ni croiser, restent comme im-
mobiles au moment de l'action des genoux, qui
roulent désagréablement l'un sur l'autre ; et l'entrechat n'étant ni *coupé*, ni *battu*, ni croisé par
le bas, ne saurait avoir la vitesse et le brillant
qui en font le mérite.

La manière d'étudier, comme je l'ai déjà dit
au chap. II, *Étude des jambes*, et le temps, par-
viennent à corriger ces défauts.

Arqués.

Ils sont nerveux, vifs et brillants dans les choses qui tiennent plus de la force que de l'adresse ;
nerveux et légers, attendu la direction de leurs
faisceaux musculeux, et vu la consistance et
la resistance de leurs *ligamens* articulaires ; vifs
parce qu'ils *croisent* plus du bas que du haut,
et qu'ayant, par cette raison, peu de chemin à
faire pour battre les temps, ils les *passent* avec
plus de vitesse ; brillants parce que le jour perce
entre les parties qui se *croisent* et se *décroisent*.
Ce jour est exactement le *clair-obscur* de la
danse ; car si les temps de l'entrechat ne sont
ni *coupés* ni *battus*, et qu'ils soyent au contraire
frottés et *roulés* l'un sur l'autre, il n'y aura point
de *clair* qui fasse valoir les ombres, et les jambes
trop réunies n'offriront qu'une masse indistincte
et sans effet. Les Arqués ont en général peu d'a-

et de vigueur (1). Si vous vous procurez
de la vivacité, elle donnera du brillant à

---

dresse, parce qu'ils comptent sur leur force, et
que cette même force s'oppose en eux à la souplesse et à l'aisance.

(1) *Observations sur ceux qui sautent.*

« La natura opera ed insegna senza alcun di-
« scorso del saltatore, che quando vuol saltare,
« egli alza con impeto le braccia e le spalle, le
« quali seguitando l'impeto, si muovono insieme
« con gran parte del corpo, e levansi in alto, sino a
« tanto che il loro impeto in sè si consumi : il qual
« impeto è accompagnato dalla subita estensione del
« corpo incurvato nella schiena, e nella giuntura
« delle coscie, delle ginocchia e de' piedi, la qual
« estensione è fatta per obbliquo, cioè innanzi ed
« all'insù; e così il moto dedicato all'andare in-
« nanzi porta innanzi il corpo che salta, ed il
« moto di andare all'insù alza il corpo, e fagli fare
« grand'arco, ed aumenta il salto. »

Léonard définit parfaitement l'action de l'homme
qui saute, et les moyens qu'il employe pour s'é-
léver de terre. Il nous démontre la force, l'im-
pétuosité des mouvemens des bras et des épaules,
qui entraînent le corps, lequel déjà courbé et
parfaitement posé sur les hanches et sur les genoux, ployés et préparés à prendre leur élans, que
doit faciliter le ressort des coude-pieds, saute et
entraîne tous les autres membres, et s'élève de

vos pas, et vous enchanterez les yeux. Soyez léger le plus que vous pourrez ; le

---

terre. Cependant le danseur qui s'éléverait et « qui
« pendant sa danse ferait mouvoir le corps par
« secousses, qui hausserait ses épaules par le
« contre-coup des jambes, qui plierait ou lâche-
« rait les reins, pour faciliter l'exécution des temps
« d'élévation, serait blamable (chap. I). Il faut
« que le corps soit tranquille, inébranlable, et tou-
« jours posé gracieusement. »

Dans les entrechats et dans les temps d'élévation, on peut se dessiner presque dans toutes les
attitudes et arabesques. Selon moi, les plus belles
positions sont celles qu'offrent les fig. 1, 2, 3 et 4
de la planc. XIII. Position du danseur dans l'entrechat droit, fig. 4, pl. XII.

Entrechat et temps d'élévation, où le corps est
penché en avant, fig. 2 et 4, pl. XIII. Entrechat
et temps d'élévation, où le corps est penché en
arrière, fig. 3, même planche. Élévation ordinaire du danseur, mesure de deux pieds, fig. 5,
planc. XII.

Observations physiques sur l'homme qui s'élève de terre.

Come nel saltar dell'uomo in alto vi si trovano
tre moti.

« Quando l'uomo salta in alto, la testa è tre
« volte più veloce che il calcagno del piede,

spectateur veut trouver dans un danseur
quelque chose d'aérien ; celui qui est pesant et lourd, ne produit qu'un vilain effet, et trop éloigné de ce que l'on attend
de lui. Étudiez le *ballon* ; j'aime à vous
voir parfois bondir dans un pas, et faire
preuve d'agilité, de souplesse : que je puisse
croire que vous effleurez à peine la terre,
et que vous êtes prêt à voler dans les airs *.

*Attitudes du danseur dans les temps d'élé-
vation et dans les entrechats*, fig. 4,
pl. XII ; fig. 1, 2, 3 et 4, pl. XIII.
Élévation de deux pieds de hauteur, fig. 5,
pl. XII.

NB. Le danseur peut prendre dans l'instant de
son élévation toute espèce d'attitude et d'arabesque,
comme je l'ai déjà dit.

« innanzi che la punta del piede si spicchi da
« terra, è due volte più veloce che i fianchi ; e
« questo accade, perchè si disfanno in un mede-
« simo tempo tre angoli, dei quali il superiore è
« quello dove il busto si congiunge con le coscie
« dinanzi, il secondo è quello dove le coscie di
« dietro si congiungono con le gambe di dietro,
« il terzo è dove la gamba dinanzi si congiunge
« con l'osso del piede. »

(*Leon.*, *Tratt. di Pittura*).

CHAPITRE SEPTIÈME.

DES PIROUETTES;

De la manière de les prendre ou préparer, de celle de les faire et de les filer; des diverses positions ou attitudes que l'on peut avoir en tournant, et des différentes manières de les arrêter et de les terminer.

C'EST aux progrès étonnants de la danse moderne (1) que nous devons les pirouet-

---

(1) L'art de la danse a été porté par Dauberval, Gardel, Vestris, et quelqu'autre grand artiste, à un si haut dégré de perfection, qu'elle a dû surprendre Noverre lui-même (a). Les artistes du siècle passé sont inférieurs à ceux des dernières années de la même époque, et à tous ceux du commencement de celui-ci. On ne peut s'empêcher d'admirer la rapidité des progrès qu'a fait

---

(a) Ce grand talent a dû en avoir la preuve convaincante; il s'est trouvé aussi à la plus belle époque des progrès de la danse, et il n'y-a que très-peu d'années qu'il est mort.

tes ; nos anciens danseurs, ainsi que Noverre, ne les connaissaint point, et ils pen-

---

l'art moderne. Nos danseurs possèdent un goût
plus épuré, leur danse est remplie de graces et
de charmes (qualités qui n'ont jamais existé chez
nos anciens artistes), les plus beaux temps d'a-
plomb, d'équilibre, étaient ignorés; les poses gracieuses, les belles attitudes, les séduisants arabesques, n'étaient pas en usage. L'exécution vigoureuse et brillante, la multiplicité des pas, la variété
des enchaînemens, les différentes pirouettes, n'em-
bellissaient pas encore l'art naissant; et l'exécution de l'artiste était bornée par la plus grande
simplicité (a).

Il faut avouer cependant, en faveur des anciens
danseurs, de nos premiers maîtres, qu'ils se sont
distingués dans le genre grave ou sérieux, beaucoup plus que nous et que les Dupré, et Vestris père, ont été les modèles les plus parfaits de
ce genre si vanté, et qu'ils ont eu très-peu de
bons imitateurs (voyez la note (1), pag. 89).
Il est vrai que ces danseurs n'avaient pas une
exécution variée, et qu'ils n'étaient pas féconds
en pas, mais ils étaient parfaits dans le peu qu'ils

(a) Pour vous satisfaire pleinement, et pour vous donner des preuves certaines de ce que j'avance à l'égard
des danseurs anciens et modernes, lisez dans l'Encyclopédie les articles sur la danse, rédigés par Noverre.

saient qu'il était impossible de surpasser les trois tours sur le coude-pied. Les meilleurs danseurs d'aprésent prouvent le contraire. L'exécution actuelle des diverses pirouettes est vraiment extraordinaire, en ce qu'on est parvenu à faire l'aplomb le mieux conservé, et à maintenir le corps dans l'équilibre le plus parfait (1). L'on devrait peut-être regarder MM. Gardel et Vestris comme les inventeurs des pirouettes ; ce dernier est celui qui, en les perfectionnant, les a multipliées, et les a mises plus à la mode. D'autres excellents danseurs ont encore enchéri sur lui, et en ont fait de surprenantes, presque dans toutes les manières.

---

faisaient. Maintenant que l'art de la danse est si compliqué, et que presque tous les élèves de nos jours se destinent à tous les genres, il est difficile de trouver un artiste parfait.

« Qui trop embrasse mal étreint. »

(1) Les jeunes danseurs sentiront parfaitement ce que je dis ; ils sauront déjà ce qu'il en coûte pour parvenir seulement à se soutenir sur une jambe, et puis après sur la pointe du pied ; et quel travail il faut ensuite pour tourner dans une position quelconque, sans jamais ébranler aucune partie du corps.

Une pirouette de trois à quatre tours, filée à la seconde et arrêtée dans la même position, ou en attitude, est la preuve du plus grand aplomb que le danseur puisse avoir. Rien dans la danse ne surpasse cette difficulté.

La pirouette demande un grand travail. L'homme que la nature aura favorisé dans sa construction, parviendra à les exécuter avec grace ; mais celui qui sera serré des hanches, et qui se trouvera gêné dans le développement des jambes, ne réussira que faiblement, et ne pourra bien tourner que sur le coude-pied ; il faut qu'il abandonne les grandes pirouettes. Le danseur d'une construction trop vigoureuse ou arquée, éprouvera le même sort ; la force musculaire lui enlevera la souplesse, le moëlleux des jambes, et la tranquillité que doit avoir le corps, pour conserver un parfait équilibre. Les jarretés et les constructions délicates l'emportent sur ces derniers; ils auront plus de douceur, plus de facilité dans les membres, et seront beaucoup plus tournés. Il faut être *très-en-déhors* pour devenir un bon Pirouetteur (qu'on nous permette ces expressions d'école).

* Dans vos pirouettes, observez l'équili-

bre le plus parfait (1), et soyez toujours
bien placé en les commençant (2), en

---

(1) « La plante du pied est la vraie base sur
« laquelle porte toute notre machine. Un sculpteur
« courerait risque de perdre son ouvrage s'il ne
« l'étayait que sur un corps rond et mouvant; la
« chute de la statue serait inévitable; elle se rom-
« perait et se briserait infailliblement. Le danseur,
« par la même raison, doit se servir de tous les
« doigts de ses pieds, comme d'autant de bran-
« ches, dont l'*écartement* sur le sol, augmentant
« l'espace de son appui, affermit et maintient son
« corps dans l'équilibre juste et convenable; s'il
« néglige de les étendre; s'il ne *mord* en quelque
« façon la planche, pour se cramponner et se tenir
« ferme, il s'ensuivra une foule d'accidens. Le
« pied perdra sa forme naturelle, il vacillera sans
« cesse et du côté du petit doigt au pouce, et
« du pouce au petit doigt: cette espèce de *roulis*
« occasionné par la forme convexe que l'extrémité
« du pied prend dans cette position, s'oppose à
« toute stabilité; les chevilles chancellent, et l'a-
« plomb se perd. »

(2) Voyez la planc. VII, fig. 3. Il faut que le
corps soit bien assuré sur ses jambes dans cette
position, et que les bras soyent prêts à donner
le mouvement et la force au corps pour le faire
tourner, et qu'en même-temps il prennent leur
position, servent de *balancier* pour conserver

lès tournant (1) et en les terminant. Ar-

l'équilibre de toutes les parties du corps qui se
trouvent appuyées sur une seule jambe, et sur
l'extrémité de la pointe (a).

(1) Les positions, les attitudes du danseur, les
plus connues et les plus usitées dans les pirouettes, sont; à la seconde (voyez pl. VI, fig. 1), en
attitude (voyez pl. VIII, fig. 1) et sur le coude-
pied (voyez pl. IX, fig. 4). Pourquoi les danseurs en général sont-ils aussi limités que cela
dans la manière de se poser en tournant? Car
lorsque l'artiste est parvenu à *filer*, à pirouetter,
le travail peut aussi le faire parvenir à tourner
en arabesque, ou dans quelque autre attitude différente ; j'ai été le premier à m'écarter de la règle commune, et ayant de la facilité pour pirouetter, j'ai réussi avec quelque succès dans ces
nouvelles pirouettes, dont la première, est de filer
trois tours, par exemple, à la seconde, et de placer ensuite la jambe et les bras dans la position
de l'arabesque qu'offrent la fig. 4 de la pl. X ;

(a) Avant de préparer la pirouette en-dehors ou en
dedans, le danseur peut rester placé dans toutes les attitudes ou arabesques qui terminent son enchaînement.
Cependant les positions les plus usitées, et celles qui
facilitent la préparation de la pirouette, parce que le
corps se trouve droit, et qu'il est déjà en aplomb sur
les jambes, sont les positions, *fig.* 3, 4 et 5, *pl.* I; *fig.* 4,
pl. IV; *fig.* 1 et 4, *pl.* V; *fig.* 1, *pl.* VI, *fig.* 1, *pl.* VIII.

rètez-les avec aplomb et assurance ; que

---

et de tourner trois ou quatre tours dans cette attitude en l'arrêtant dans la même position. L'exécution parfaite de cette pirouette est d'un effet
très-agréable et très-gracieux.

Une autre pirouette qui est d'une grande difficulté, et qui est d'un très-bel effet, est cette autre
que j'ai faite ; pour cela, après avoir filé à la seconde, il faut filer dans la position de l'arabesque
à dos-tourné, que représente la fig. 3 de la pl. XI.
Le corps doit alors être bien allongé et bien penché, et les bras et la tête doivent gracieusement
accompagner le mouvement. Cette pirouette a quelque chose qui étonne ; car le corps du danseur
est si penché, que l'on dirait qu'à chaque tour
qu'il fait il est prêt à tomber, ou qu'on croirait
qu'il y-a quelque chose d'incompréhensible qui le
soutient, parce que la position du corps, des
bras, de la jambe qui est en l'air, et la vitesse
avec laquelle on tourne, dissimule le centre de
gravité. Cette pirouette, selon moi, est la plus
difficile de toutes celles que l'on peut faire. J'ai
aussi tourné dans l'attitude fig. 4 de la pl. VIII.
Cette pirouette est d'un grand effet. La position
angulaire du bras droit doit ajouter au brillant de
la pirouette. On peut s'en servir dans un pas de
caractère.

Dans un rôle de Mercure que je représentais,
je pris, en pirouettant, l'attitude de la statue de

le dessin de la position de votre corps,

J. Bologne (voyez la fig. 1, planc. IX); cette belle position est très-difficile ; et si l'on n'est point cambré naturellement, on n'y réussira pas , et elle ne pourra même produire aucun effet. Il faut que le corps soit très-penché en avant, et que le bras droit se développe presque en entier. La jambe qui est en attitude doit se plier, et par son mouvement elle doit accompagner le contour arrondi de la position du corps. Afin de rendre cette attitude encore plus gracieuse pour un danseur , on doit étendre le bras gauche qui tient le caducée; en enlevant cet angle que produit l'action du bras, cela rend la pirouette beaucoup plus agréable. Dans le geste indicatif de l'action, cette pose est remplie de vérité , et ne doit pas être modifiée.

Je terminerai cette note sur les pirouettes, en disant à l'élève qu'il peut tourner dans toutes sortes d'attitudes et d'arabesques, pourvu que le dessin de son corps, de ses bras et de ses jambes soit gracieux et facile, et que le mouvement de toutes les parties du corps soit naturel, et dénué d'une pénible et désagréable affectation.

En terminant, on peut arrêter les pirouettes dans toute sorte de poses, d'attitudes et d'arabesques. Genres différents de pirouettes: pirouette à petits battemens sur le coude-pied; à *rond-de-jambe*; à la seconde; à la seconde avec grand *rond-de-jambe* ; avec fouetté; pirouette en attitude, en arabesque;

de vos bras, de vos jambes soit correct, et prononcé avec grace. On ne saurait trop vous recommander de filer délicatement la pirouette sur la pointe; ce qui présente la plus agréable exécution, et en même-temps la plus parfaite; car rien n'est plus rebutant à voir qu'un mauvais danseur, qui *tournaille* tantôt sur la pointe, et tantôt sur le talon, et qui sautille par secousses à chacun des tours de la pirouette *.

Position du danseur en prenant les pirouettes en dehors, fig. 3, pl. VII.

NB. Les pieds doivent être placés entre la seconde et la quatrième position.

Position du danseur en prenant les pirouettes en dedans, fig. 4, pl. VII.

---

pirouette sur le coude-pied; pirouette en dedans à la seconde; sur le coude-pied et en attitude; pirouette renversée, pirouettes composées, etc.

CHAPITRE HUITIÈME.

DANSEUR SÉRIEUX, DANSEUR DEMI-CARACTÈRE.
DANSEUR COMIQUE.

CELUI qui se destinera à la danse sérieuse ou héroïque, doit posséder une belle taille et de belles formes ; son genre de danse exige absolument ces qualités physiques (1). Son port, son maintien doivent être élevés, élégants, nobles et majestueux, sans affectation. Le sérieux est le genre le plus difficile de la danse ; il demande un grand travail, et n'est véritablement apprécié que par les connaisseurs et les gens de goût.

---

(1) Des statures d'homme ou de femme, qui se rapprocheraient de celles de l'*Apollon* ou de l'*Antinoüs*, et de la *Vénus de Troade* ou de la *Diane*, seraient parfaitement adaptées à la danse noble ou sérieuse ; mais elles ne conviendraient pas au genre *demi-caractère* et villageois ; elles auraient trop de noblesse et de majesté. (Voyez la pl. XIV, fig. 1).

L'artiste qui s'y distingue mérite le plus d'éloges. L'exécution parfaite d'un *adagio* est le *nec plus ultra* de l'art, et je la regarde comme la pierre de touche du danseur (1).

---

(1) Il est malheureux que le plus beau genre de danse soit maintenant si négligé ; et je le crois même entièrement perdu. La confusion des genres qui ternit l'art de la danse, le peu de constance des danseurs pour l'étude, et le goût corrompu du public dans certains théâtres, en sont les véritables causes. Nos maîtres se sont parfaitement distingués dans ce genre, et n'ont pas eu beaucoup de successeurs (voyez la note (1), pag. 79). Je ne connais qu'un danseur capable de se montrer avec avantage dans cette danse: mais qu'il ne se livre pas, par trop de complaisance, à plaire à d'ignorans spectateurs. Ce serait pourtant à l'artiste qu'il appartiendrait de ramener le public au goût du beau, du vrai, en persistant dans l'exécution des vrais principes de l'art. Dans l'un des journaux de Paris qui parlait de mes débuts à l'Académie royale de musique, dans le genre sérieux, on disait, à l'égard de ce genre de danse : « Depuis long-temps la danse noble et sérieuse est « singulièrement dédaignée ; je ne conçois guères « en effet que l'on puisse danser sans être gai. « Cependant le genre grave a aussi ses attraits « particuliers. De belles poses, de beaux mouve-

Un danseur sérieux doit être parfaitement
tourné, avoir de beaux coude-pieds, et une
grande facilité dans les hanches; sans ces
qualités, qui lui sont indispensables, il
ne parviendra pas dans le genre qu'il a
adopté. Dans les autres genres de danse, il
n'est pas aussi essentiel de posséder en perfection les qualités et les moyens dont je
viens de parler; on n'exige pas d'un danseur de demi-caractère ou comique la même

« mens, donnent à l'art de la danse une impor-
« tance qui, sous le rapport de l'imitation, se rap-
« proche de l'art du sculpteur. Les anciens cul-
« tivaient et aimaient beaucoup ces sortes de ré-
« créations; nous les dédaignons parce que nous
« sommes fort éloignés de la perfection à laquelle
« les Grecs, et surtout les Romains, étaient par-
« venus. Leurs jeux mimiques avaient quelque
« analogie avec notre danse grave; et c'est une
« raison pour encourager le petit nombre des
« artistes qui se livreront à de pareils exercices.
« Peut-être nous procureraient-ils un jour des
« jouissances qui nous sont encore inconnues. »

Cette dernière phrase prouve combien est véritable la décadence du beau genre sérieux, puis-
que les *jouissances* que cette danse peut promettre, sont *inconnues* aux spectateurs d'aujour-
d'hui.

correction que l'on veut trouver dans le danseur héroïque. L'artiste dont je parle, doit se distinguer en tenant la partie supérieure du corps bien placée, par des mouvemens de bras parfaitement combinés, et par le beau fini des principes de son école.

Les beaux développés, les grands temps, et les plus beaux pas de la danse, appartiennent à ce genre ; le danseur doit fixer l'attention du spectateur par la beauté du dessin, par la correction de ses poses, de ses attitudes et de ses arabesques. Les plus belles pirouettes filées à la seconde, en attitudes et sur le coude-pied ; les temps d'élévation, de vigueur, et un bel entre-chat, sont de son ressort (1).

Le danseur demi-caractère doit être d'une stature moyenne, avoir des formes élancées et élégantes. Une taille comme celle du Mercure, ou de l'Hébé de Canova (2),

---

(1) On voit par-là que l'exécution du danseur sérieux d'aujourd'hui est beaucoup plus compliquée que celle des anciens, et que cet artiste doit posséder bien des qualités.

(2) Je ne puis m'empêcher de rendre ici un pur hommage à ce grand sculpteur, le Praxitèle,

serait convenable au genre demi-caractère ou mixte; celui ou celle qui auront le

---

et peut-être le Phidias de notre siècle. Ses talens placent son nom à côté de ceux des Michel-Ange, des Fiamingo, des Algardi, et de tous les autres artistes sublimes qu'a produit la glorieuse Italie. Canova tient lui seul le sceptre de la sculpture moderne; ses nombreux ouvrages, épars par toute l'Europe, se distinguent par le moëlleux des contours, par une expression infinie, par une douce naïveté, par une grace naturelle, et par le charme d'une suavité rare, qui attire et séduit tous ceux qui ont le plaisir de voir sa *Hébé*, sa *Madelaine*, son *Pâris*, sa *Vénus*, son *Amour et Psyché*, son *Dédale*, sa *Danseuse*, sa *Muse*, etc. (a). Après avoir été charmé par la facilité, par la pureté, par la délicatesse et la légèreté du travail qui règne dans ces délicieuses statues, admirez le grand et le sublime de l'art dans son *Hercule terrassant Lychas*, dans son *Thésée vainqueur des Centaures*, et dans quelque autre ouvrage de ce genre que son génie a produit. La statue de M.ᵉ *Letizia* se fait remarquer par la belle simplicité qui caractérise le ciseau grec.

(a) Il ne manque rien à ces charmantes sculptures,
. . . .
Ni le mélange exquis des plus aimable choses,
Ni ce charme secret, dont l'œil est enchanté,
Ni la grace plus belle encor que la beauté.
La Fontaine.

bonheur de posséder ces avantages physiques, brilleront dans ce genre charmant de la danse.

Le demi-caractère est un mélange des divers genres de la danse. Le sujet qui s'y destine peut se permettre l'exécution de tous les temps, de tous les pas que l'art nous apprend. Cependant, sa manière doit être toujours noble et élégante, et ses temps d'abandon, d'élans doivent être faits avec retenue et en conservant, sans cesse, une aimable dignité. Il doit éviter les grands temps du genre sérieux. Ce danseur ne réussira entièrement que dans les pas de Mercure, de Pâris, de Zéphire, d'un Faune, et dans la danse, et dans les manières gracieuses d'un élégant Troubadour, etc. (1).

Le danseur d'une taille médiocre, et d'une construction vigoureusement ramassée, s'adonnera au genre comique, pastoral ou villageois; et si à ces formes, presque athlétiques, il joignait une taille moyenne, il se distinguera parfaitement dans les pas

_____

(1) Dans le genre demi-caractère, M. Vestris était surprenant; très-peu de danseurs l'ont égalé; comme M. Gardel était admirable dans le genre sérieux.

de caractère, dont la plupart tiennent du
genre comique. Selon moi, le type de ce
genre est l'imitation de ces mouvemens
naturels qui ont formé ce qu'on a appelé
les danses dans tous les temps et chez tous
les peuples. Imiter, contrefaire, tout en
dansant, les pas, les attitudes, les manières ingénues, badines, et parfois grossières
de l'habitant des campagnes, qui, au son
de ses instrumens rustiques, se livre sans
nulle retenue aux plaisirs de la danse et
à des jeux que partage, avec une gaiété
franche, sa compagne chérie ou son aman-
te, c'est offrir le tableau du genre pastoral.
L'élève pour y bien parvenir doit étudier
la nature et les meilleurs peintres qui se
sont plû à nous en rendre sensibles les
images (1).

Les autres danseurs de caractères comiques, dont j'ai déjà parlé, s'étudieront dans
les pas caractéristiques. Ils doivent se ren-

(1) C'est dans les rôles et dans les pas villageois, que M. Vestris a montré des talens supé-
rieurs à tous les autres. Dans ce genre, il s'est
entièrement modélé sur la nature, et il n'a jamais
eu de rivaux. Depuis sa retraite, je n'ai pas encore vu un berger dans aucun ballet villageois.

J'observerai que dans cet ouvrage lorsqu'il est

dre esclaves de l'imitation la plus sévère
des danses particulières à chaque peuple,
et tout en dansant, donner à leurs pas et
à leurs attitudes, le genre et le caractère des
danses nationales qu'ils exécutent (1). Chez
ces danseurs on n'exige pas encore toute la
correction des danseurs de demi-caractère.

Genre sérieux, fig. 1, pl. XIV.
Genre demi-caractère, fig. 2, pl. XIV.
Genre comique, fig. 3, pl. XIV.
*Exemple de composition de groupes; at-
titudes de genre et tableau principal
d'une Bacchanale*, fig. 4, pl. XIV. (*).

---

question de M. Vestris, je parle toujours (excepté
dans la note (1), p. 79, où je cite son père) de
M. Auguste Vestris, à qui nous ne pouvons encore
comparer aucun danseur, et que les Français re-
grettent de ne plus voir sur leur théâtre, de ce danseur que son père, qui ne connaissait dans l'Europe que trois grands hommes, Lui, Frédéric et
Voltaire, appelait le *Dieu do la dansse*.

(1) Les danses de caractère les plus connues
sont : la Provençale, le Bolero, la Tarantelle, la
Russe, l'Écossaise, l'Allemande, la Tyrolienne,
la Cosaque, la Fourlane, etc. Le pas Chinois, les
pas de Sabotiers, l'Anglaise, les pas de carica-
ture, etc., sont du bas comique.

(*) L'explication des planches par ordre se trouve à
la fin du Traité.

CHAPITRE NEUVIÈME.

LE MAÎTRE.

Il faut qu'un danseur, élevé à la meilleure école, parvienne au premier rang par son exécution. Celui qui de l'art de la danse ne possede que la théorie, ne sera jamais un parfait démonstrateur (1). Il faut

(1) J'en ai moi-même eu la preuve convaincante. Après avoir reçu les premiers principes de danse, et avoir travaillé pendant quelque temps à l'école d'un coryphée, je fus prendre des leçons de M. *Dutarque*, maître de ballet. Mes parens me trouvant des dispositions, et voulant accélérer mes progrès, me mirent entre les mains de cet artiste, élevé à l'école des grands maîtres, et qui s'était déjà distingué comme premier danseur. A peine commencé-je à étudier sous sa direction, que je fus obligé de tout apprendre de nouveau, et d'oublier le peu que je savais. Je trouvai en lui une autre manière de démontrer dans ses leçons, et l'art de la danse me parut changé. J'y découvris un charme séduisant, mais

avoir été premier danseur pour être un bon maître; tout autre sans cela n'enseignera que par routine, machinalement, et n'aura jamais rien de certain dans ses leçons et dans la manière de les démontrer. Il ne donnera point les vrais moyens d'exécuter, et par conséquent de réussir et

avec de nouvelles difficultés, et la manière de les surmonter m'encouragea dans le travail, en me faisant espérer que mes efforts ne seraient pas inutiles. Des voyages dans les principales villes, de Bordeaux (a), de Marseille, etc., me firent acquérir de nouvelles connaissances dans mon art (le danseur doit beaucoup voir et bien examiner), et

(a) Bordeaux est, après Paris, la première ville de France où s'exécutent de grands ballets. Son superbe théâtre a presque toujours possédé de bons compositeurs, et a fourni d'excellens danseurs même à l'opéra de Paris. Depuis quelques années cette ville a donné trois ou quatre danseurs, qui ont tenu ou qui tiennent encore les premières places à l'*Académie Royale de Musique*.

Un journaliste disait, au sujet de mes débuts à l'*opéra*: *Le théâtre de Bordeaux* est destiné à nous approvisionner de danseurs.

Un autre journaliste de la province écrivait: *Notre grand théâtre de Bordeaux paraît être désormais le dernier échelon pour s'élever à cet Olympe* (le grand opéra). Que ceci soit dit en faveur du théâtre de Bordeaux, qui présentement possède encore quelque bon sujet, dirigé par M. Blache, l'un des meilleurs maîtres de ballet.

de se distinguer dans l'art qu'il enseigne.
Un élève qui sortira des mains d'un tel
maître, manquera d'abord de perfection,
il ne possédera pas l'esprit de son art; sa
danse sera froide, sans expression, sans
ame et sans grace. Il n'offrira qu'un tableau
manquant de correction dans le dessin,
d'un très-faible coloris, et qui n'aura ni
dégradations ni clair-obscur. Si donc ces
qualités essentielles à la peinture, comme
à la danse, n'existent pas, l'ouvrage ne
pourra jamais intéresser ni plaire (1).

ce fut à l'Opéra de Paris, le plus beau temple
qu'on ait élevé à Terpsicore, que je vis jusqu'à
quel haut dégré était porté l'art de la danse (a).
M. Gardel, le premier des choréographes modernes, me montra par ses productions toutes les ri-
chesses de ce beau talent, et ce fut encouragé
et aidé par ses conseils, que j'ai dansé à l'*Aca-
demie Royale de Musique.*

(1) J'ai connu des artistes sortis d'une bonne
école, et qui, par quelques circonstances, n'ayant
pu parvenir au premier rang, et occuper la place
des premiers danseurs, se sont adonnés à la dé-

(a) Il est essentiel pour un jeune danseur de passer
quelque temps à l'école de Paris; c'est là qu'il se per-
fectionnera dans son art.

Le maître qui a exercé son art, et à qui une longue expérience donne des moyens plus étendus, ayant à former un danseur, examinera premièrement si la construction physique du jeune élève est disposée pour l'exercice de la danse (1), et si en grandissant il pourra faire pompe d'une taille élégante, de formes bien faites et gracieuses; car sans ces dons naturels, et sans des dispositions qui puissent promettre de rapides progrès, l'écolier n'acquérera jamais ni un grand talent, ni une haute réputation.

« . . . . . . *se adeguata*
« *Non avrà la figura, non imprenda*
« *Un' arte si gentile e delicata* (2).
Riccob.

---

monstration de leur art, et ont fourni de très-bons élèves. Mais de pareils maîtres sont en trop petit nombre, et la majeure partie est incapable, par les raisons que j'ai déjà alléguées, de créer un danseur *fini*.

(1) L'âge de huit ans est le plus propre aux premiers exercices du danseur ; le jeune élève comprendra facilement la démonstration ; et le maître pouvant juger de son physique, l'instruira avec plus de fruit.

(2) Un grand acteur disait : *On ne peut se*

A peine le maître aura-t-il dégrossi l'élève par les premiers exercices, qu'il devra lui-apprendre la *leçon* (1), et le perfectionner

---

distinguer au théâtre que lorsqu'on est *aidé* *par la nature.* Ces mots dictés par l'expérience sont pleins de vérité.

(1) L'enchaînement des exercices élémentaires, et des principaux pas de la danse, s'appelle la *leçon.*

Les ployés dans toutes les positions, les grands et les petits battemens, les *ronds-de-jambes* à terre et en l'air, et les petits battemens sur le coude-pied, sont les exercices du danseur. Ce travail, qui se fait d'abord en se tenant, se répète ensuite sans aucun soutien. Il faut que l'élève parvienne par ce moyen à acquérir de l'aplomb. Les temps de courante simples et composés; les coupés à la première, à la seconde, et composés; les attitudes, les grands rond-de-jambes, les temps de chaconne, les grands fouettés en face et en tournant, les quart de tour, les pas de bourrée, et les temps des diverses pirouettes, suivent les premiers exercices. Ces temps de la belle danse formeront le danseur, et le feront parvenir. La leçon se ferme par tourner les pirouettes, par des temps terre à terre, et par des temps de vigueur.

Cependant après que l'élève sera parvenu à bien danser la *leçon*, il n'a pas encore atteint le

par les temps d'école, par les principaux pas de la danse, et alors lui indiquer et lui faire adopter le genre de danse qui est convenable à ses dispositions, à sa construction physique et à son sexe.

L'homme doit avoir une manière de danser qui diffère de celle de la femme; les temps de vigueur, de force, et l'exécution hardie, majestueuse du premier, ne sieraient point à la seconde, qui ne doit plaire et briller, que par des mouvemens gracieux et souples, par de jolis pas terre-à-terre, et par une décente volupté dans ses attitudes (1).

---

but qu'il doit s'être proposé; il faut, pour qu'il soit un danseur *fini*, qu'il cherche à perdre cet air d'écolier, qu'il aura nécessairement, en se livrant avec sureté dans son exécution, et qu'il montre qu'il est passé maître; il faut aussi qu'il cherche à plaire le plus qu'il pourra; qu'il charme par la grace, par un aimable abandon, par une danse toujours animée, expressive, qui entraîne le spectateur, et le ravisse délicieusement. Voilà l'artiste achevé.

(1) Je connais un maître qui jouit à Paris d'une grande réputation, et qui a le défaut de faire danser les hommes de la même manière que dansent les femmes, de sorte que tous ses élèves

Ceux qui possèdent une belle taille se-ront destinés, par le maître, au genre sé-rieux, à la danse noble. Celui ou celle qui n'offrira qu'une stature moyenne avec des formes élancées et délicates, sera livré au genre demi-caractère ou mixte. Tous ceux d'une taille plus que médiocre, et d'une construction forte et ramassée, s'adonne-ront au genre comique et aux pas carac-téristiques. Le maître doit terminer ses instructions et ses leçons, en donnant à l'élève l'esprit, le sentiment, le charme de son art, pour en faire un artiste accom-pli (1). Il faut qu'il lui démontre bien la différence qu'il y a d'un genre de danse à

---

sont maniérés et affectent une sorte de grace qui a quelque chose de répugnant.

(1) A l'âge où je suis, c'est-à-dire de vingt-trois à vingt-quatre ans, le danseur doit avoir acquis tout le mécanisme de son art, et il doit posséder l'exécution la plus brillante, dont ses moyens seront susceptibles. Ce n'est pas dans l'art de la danse, que la valeur doit attendre *le nombre des années*. Le danseur arrivé à trente six ans, et même à quarante, s'il s'est bien con-servé, et s'il a eu une bonne école, peut encore briller au premier rang. Nous en avons eu des exemples.

l'autre, qu'il en fixe bien précisément l'e-
xécution, et qu'enfin il apprenne à l'écolier
quelles sont les diverses manières de danser qu'exigeront l'habit et les costumes dont
il devra se revêtir selon l'occurence (1).

---

(1) Si l'élève se sent enclin à la composition,
et qu'il paraisse montrer des dispositions pour
imaginer, le maître savant dans son art, doit le
faire exercer dans la composition des pas, et
l'instruire dans le dessin et dans le beau de la
choréographie.

EXPLICATION DES PLANCHES.

PLANCHE I.

Fig. 1. Première position, bras à la seconde.

» 2. Position du poignet et des doitgs.

» 3. Opposition, épaulement du corps; demi-bras en opposition, et jambes à la troisième position.

» 4. Bras haut en opposition; jambes à la cinquième position.

» 5. Bras arrondis au dessus de la tête, et jambes à la cinquième position sur les pointes.

PLANCHE II.

Fig. 1. Position du corps, des demi-bras et jambes à la quatrième position (vue de profil).

» 2. Danseur à la seconde à terre, et position des demi-bras.

» 3. Seconde position, sur les pointes.

» 4. Ployé à la première position.

» 5. Manière de se tenir du danseur en s'exerçant; jambe placée à la seconde.

NB. *On a omis, pour ne pas multiplier les planches, les positions sur les pointes de la première, de la troisième et de la quatrième, ainsi que les ployés des autres quatre premières positions de la danse: elles sont très-faciles, et l'on peut, sans les figures, en concevoir et en produire l'effet.*

PLANCHE III.

FIG. 1, 2 et 3. Positions défectueuses des bras.
» 4 Défauts de la construction physique de l'*arqué*.
» 5. Défauts de la construction physique du *jarreté*.

PLANCHE IV.

FIG. 1. Position du danseur à la quatrième en avant-en l'air. Bras à la seconde (vue de profil).
» 2. Même position, et sur la pointe. Bras en opposition (vue de face).
» 3. Position à la quatrième derrière en l'air (vue du profil).
» 4. Pose, préparation, terminaison des temps et des pas.

PLANCHE V.

FIG. 1, 2, 3 et 4. Poses, préparations, terminaisons des temps et des pas.
» 5. Position différente de la main et du bras, dans certaines positions du danseur.

PLANCHE VI.

FIG. 1. Danseur à la seconde en l'air et sur la pointe.

Fɪɢ. 2, 3 et 4. Attitudes diverses ; dérivés de la quatrième et de la seconde position.

PLANCHE VII.

Fɪɢ. 1 et 2. Attitudes diverses ; dérivés de la quatrième position.

» 3. Position du danseur en prenant les pirouettes en dehors.

» 4. Position ou attitude du danseur en prenant les pirouettes en dedans. Arabesques sur les deux pieds.

PLANCHE VIII.

Fɪɢ. 1. L'attitude.

» 2. L'attitude (vue de profil).

» 3 et 4. Manières différentes de se poser en attitude.

PLANCHE IX.

Fɪɢ. 1. Le Mercure de J. Bologne.

» 2 et 3. Dérivés de l'attitude.

» 4. Position de la pirouette sur le coude-pied.

PLANCHE X.

Fɪɢ. 1, 2, 3 et 4. Arabesques.

PLANCHE XI.

Fɪɢ. 1 et 2. Arabesques.

» 3 et 4. Arabesques à dos tourné.

PLANCHE XII.

F<small>IG</small>. 1, 2 et 3. Arabesques.
» 4. Position du danseur dans les temps d'élévation et dans les entrechats.
» 5. Élévation de deux pieds de hauteur.

PLANCHE XIII.

F<small>IG</small>. 1, 2, 3 et 4. Attitudes du danseur dans les temps d'élévation et dans les entrechats.

PLANCHE XIV.

F<small>IG</small>. 1, 2 et 3. Tailles d'homme et de femme pour les trois genres de danse.
» 1. Danseur sérieux.
» 2. Danseur demi-caractère.
» 3. Danseur comique.
» 1, 2, 3 et 4. Attitudes de genre; groupes, modifications, épaulements des attitudes dans les groupes; costumes les mieux adaptés au danseur.
» 1. Tunique grecque.
» 2. Troubadour espagnol.
» 3. Villageois.
» 4. Groupe principal d'une Bacchanale de l'auteur.

NB. *Nous croyons utile de rappeler ici à nos lecteurs, ce que nous avons dit dans les deux dernières notes qui sont attachées au chap. V, et nous les engageons à s'y reporter.*

APPENDICE
A L'OUVRAGE.

Quoique mon intention n'ait pas été de donner des leçons de danse comme à l'école, quoique les élèves, pour lesquels j'ai écrit, sachent très-bien de quoi se composent les élémens pratiques de cet art, j'ai pensé que cet appendice pourrait cependant être utile pour l'intelligence d'une grande partie des lecteurs qui le parcoureront comme amateurs. Il en est beaucoup, qui pleins de goût, qui doués de connaissances justes sur les beaux-arts, doivent cependant ignorer une quantité de détails dont l'artiste, dont le professeur doivent s'occuper sans cesse; or pour me rendre intelligible à tous, j'ai dû ajouter ici une définition des principes méchaniques de la danse : c'est-à-dire, je suppose que je parle à un *écolier* qui ne sait encore comment il doit poser ses pieds, et je le mène rapidement, d'exercice en exercice, comme le géomètre d'axiome en axiome, à la connaissance exacte de tout ce qui constitue le mécanisme de la danse. Cet appendice apprendra aux gens du monde notre vocabulaire, les définitions de chaque terme, et ne contribuera pas peu à éclairer leurs jugemens sur les danseurs qu'ils verront en scène.

PREMIERS EXERCICES.

PREMIÈRES POSITIONS.

Dans la première on doit avoir les jambes fort étendues, les deux talons l'un près de l'autre, et les pieds *en-dehors* également. V. la fig. 1, pl. I. Dans la seconde *position* les deux jambes sont écartées, mais seulement de la longueur du pied. V. la fig. 2, pl. II. A la troisième les pieds sont croisés à moitié et se touchent. V. la fig. 3, pl. I. La quatrième *position* est à-peu-près la même que les précédentes, excepté que les pieds se croisent sans se toucher. V. la fig. 1, pl. II. A la cinquième les pieds sont croisés en entier. V. la fig. 4, pl. I.

On doit ployer les genoux dans toutes ces positions, sans jamais lever les talons de terre. V. la fig. 4, pl. II. Pour donner de la souplesse et de la force aux coude-pieds, on doit exécuter toutes ces positions sur les pointes. Voyez la fig. 5, pl. I, et la fig. 3, pl. II.

BATTEMENTS.

Battements. Mouvemens en l'air que l'on fait d'une jambe, pendant que le corps est posé sur l'autre. Il y en a de trois sortes, qui sont : les *gránds-battements*, les *petits-battements*, et les *petits-battements sur le coude-pied.*

Les *grands-battements* se font en détachant et en portant la jambe tendue jusqu'à la hauteur de la hanche. V. la fig. 5, pl. II. Cette même figure vous démontre de quelle manière on doit s'exercer en se tenant. Après le mouvement du *battement*, la jambe retombe à la cinquième *position* d'où elle est partie. On les croise devant et derrière. Les *grands-báttements* vous tourneront entièrement, et donneront de la facilité aux mouvements des hanches pour les développements et pour l'exécution des grands-temps (1).

Les *petits-battements* se font de la même manière, excepté qu'au lieu de lever la jambe à la seconde en l'air, il faut que le dégagement soit petit, et que la pointe ne quitte point terre. Ces *battements* délieront les jambes, parce que l'élève sera obligé de doubler le temps et le mouvement.

Les *petits-battements sur le coude-pied.* La hanche et le genou forment et disposent ces mouvemens; la hanche conduit la cuisse pour s'écarter ou pour s'approcher; et le genou par sa fléxion forme le *battement* en croisant le bas de la jambe soit devant, soit derrière l'autre jambe qui est

---

(1) On fait aussi des *grands-battements* en avant et en arrière. En avant, la jambe doit arriver à la même position qu'offre la fig. 1 et 2 de la pl. IV. En arrière, la position est celle de la fig. 5 de la même planche.

posée à terre. Supposez donc que vous soyez sur le
pied gauche, la jambe droite à la seconde et la
pointe appuyée à terre, il faut la croiser devant la
gauche, en pliant le genou, et l'étendre en l'ouvrant
à côté ; plier du même-temps le genou en croisant derrière, puis l'étendre à côté, et continuer
à faire plusieurs de ces battemens de suite. Doublez
peu-à-peu le mouvement jusqu'à ce que vous soyez
parvenu, avec le temps, à les faire aussi vite qu'on
ne puisse les compter. Ces *battements* sont d'un
très-joli effet, et ils donnent de la vivacité et du
brillant aux jambes (1).

Rond-de-jambes.

Pour commencer à faire les *rond-de-jambes
en dehors*, placez-vous dans la même position que
vous prenez en commençant les *petits-battements*.
Supposons la jambe gauche à terre et la droite
à la seconde ; faites décrire à celle-ci un demi-cercle en arrière, qui se termine à la première position ; il faut que de-là il continue et achève le rond,
en finissant à l'endroit d'où il est parti ; c'est ce
que nous appellons *rond-de-jambes.*

Les *rond-de-jambes en dedans* se commencent
à la même position, et la jambe au lieu de décrire un cercle, en le commençant en arrière,

---

(1) Ces petits battements doivent aussi se faire en
s'élevant sur la pointe.

doit le commencer en avant. Après cela on doit exécuter les rond-de-jambes en l'air que l'on fait en étant placé sur la pointe du pied qui porte le corps (1).

On doit s'exercer d'abord en se tenant, et faire tous les exercices dont j'ai parlé, aussi bien d'une jambe que de l'autre. Après ce travail on répète les mêmes-temps sans se tenir, pour acquérir l'équilibre et l'aplomb, qualités essentielles à un bon

---

(1) J'ajoute ici une remarque sur la manière de marcher ; chose très-utile à un danseur, dont la plupart ignorent ou négligent les principes, tout en dansant, ou en se présentant au public. C'est un grand défaut au théâtre, et qui choque les spectateurs; car il leurs fait perdre la charmante illusion de la danse, par la manière désagréable dont on marche dans les momens de repos ou dans l'instant que l'on se présente au public, pour l'exécution du pas.

La manière de bien *marcher* est très-utile, parce que d'elle dépendent les premiers principes que la danse inspire, qui est le bon air. Les jambes doivent être fort étendues dans leur temps, les hanches fort tournées en dehors, parce que les autres parties inférieures se tournent d'elles-mêmes, ce qui est incontestable. Le pas ne doit avoir que la longueur du pied. Ne mettez point de roideur dans le mouvement des jambes, et ne les écartez pas. Il faut aussi donner à sa manière de *marcher* un temps qui ne soit ni trop vite ni trop lent. Ces deux extrémités choqueraient. Ayez la tête droite et la ceinture ferme ; c'est par ce moyen que le corps se maintiendra dans une situation avantageuse, et ne dandinera point. Avancez la poitrine, et laissez tomber les bras naturellemente à côté du corps. Pour ce qui regarde la position naturelle des bras voyez le ch. IV, n. (1), p. 57.

danseur. Par cette manière de s'exercer on gagne de la force et les moyens de réussir dans l'exécution de tous les pas. Le danseur doit répéter tous les jours ces exercices et ne jamais les négliger, crainte d'affoiblir son exécution. Eussiez-vous le talent de Gosselin (1), vous devez étudier sans cesse.

Je vais ajouter à la fin de ces exercices du danseur, une remarque et un conseil que je crois pouvoir être fort utiles aux jeunes élèves, qui ayant déjà mis en usage les principes de la danse, s'adonneront à la composition des pas.

Pour s'exercer et pour hâter les progrès dans la composition de la danse, pourquoi nos jeunes élèves ne suiveraient-ils pas l'exemple de Dupré? Cet artiste, qui avait l'habitude de danser en improvisant sur des airs inconnus, pour former son imagination à innover des pas et des enchaînemens, et pour habituer son oreille à saisir promptement le mouvement et le rythme de la musique.

Ce travail serait infiniment utile et servirait à développer le génie du jeune danseur. Ses premières compositions manqueraient, sans doute, de correction, et parfois de grace, mais après avoir

---

(1) Aucun danseur ni danseuse n'a autant approché de la perfection de la danse, comme M.lle Gosselin, aussi elle dansait comme un ange (a). Il n'y a que trois ans que cette jeune artiste n'est plus.

(a) Le Josepin disait : *nous autres nous peignons comme des hommes ; le Guide peint comme un Ange.*

formé le canevas, pour ainsi dire, du pas, il
pourrait ensuite le corriger, et y faire tous les
changemens convenables. Je me suis souvent plu
à improviser, et j'ai été assez heureux quelquefois
pour produire des choses passables ; j'obtins par
cet exercice beaucoup plus de facilité pour composer des pas que je devais exécuter en public ;
ayant surtout quelque peu de temps pour les
mieux combiner en les perfectionnant.

M. Gardel, en me parlant de nos anciens artistes, me vanta cette manière de danser de Dupré,
qui tout en se formant un excellent danseur, donnait un plus grand essor à son génie : ce conseil
me frappa, je m'y attachai, et j'en fis l'essai sous
les yeux de mon père. Pendant qu'il improvisait
sur le piano-forte, je tâchais de suivre ses inten-
tions musicales, et de former des pas sur ses notes.
Après quelque temps employé à cet exercice, je
me risquai à essayer des pas de deux, de trois,
réglés de cette manière, sur les mêmes motifs,
dans ses opéras d'*Omphale*, d'*Achille*, de *Di-
butade*, etc. : ces essais eurent le bonheur de ne
pas déplaire.

TRADUCTION DES PASSAGES ITALIENS

PARSÉMÉS DANS CET OUVRAGE.

Note. Nous croyons faire plaisir à nos lecteurs, et aux élèves, dont le plus grand nombre, sans doute, ne connaît pas la langue italienne, de leur donner le sens, où la traduction litterale des citations que nous avons faites de divers morceaux, extraits d'auteurs italiens; mais pour ne pas embarasser notre discours et nos notes, nous avons trouvé plus convenable de reporter à la fin ces traductions, que les lecteurs consulteront à leur loisir.

Avant-propos, pag. 12. *Inginsta lode, ec.* — On ne doit pas s'appuyer sur une louange non méritée; car il ne faut qu'un homme de bon sens, pour détromper cent personnes qu'elle a séduit.

Avant-propos, pag. 12, note (1). *Soffre, è vero, etc.* — Le pauvre public éprouve aussi de temps en temps quelque épidémie, mais ce n'est pas sa faute. Car les causes en étant accidentelles, particulières, de peu de durée, et lui étant étrangères; elles peuvent bien, pendant quelque temps, et dans certaines circonstances, altérer son jugement, mais elles ne peuvent jamais le faire changer absolument. Il n'y a que trop de gens qui, abusant de l'ingénuité du peuple, pour s'emparer de son vœu, foulant aux pieds la raison, et outrageant le mérite, savent adroitement se servir du penchant naturel qu'a l'homme d'être imitateur, de courir où il voit les autres se porter, de répeter ce qu'il entend dire, surtout de la bouche des savans ou des grands, qu'il suppose plus sages que lui, et aux opinions desquels il s'asservit, par cette raison, religieusement; et comme les plaisirs qui s'offrent aux yeux sont plus faciles à comprendre que ceux qui frappent l'esprit, ces gens abusent de l'ascendant qu'ils ont pris ; mais ces prestiges artificieux et trompeurs n'ont pas une longue durée. Ce sont des Fantômes qui disparaissent promptement devant les lumières de la vérité.

Avant-propos, pag. 14, note (1). *Che poi, ec.* — Que le vulgaire aveugle adore en se prosternant.

Pag. 19, ch. I, *Chi ben, ec.* Celui qui commence bien a déjà rempli la moitié de son ouvrage.

Ch. I, pag. 21, n. (2). *Spesso vinta, etc.* — Souvent la nature vaincue cède à leur supériorité.

Ch. I, pag. 22, n. (1). *Non giova, ec.* — Il ne suffit pas que tu sois beau et bien fait, ces beautés cachent quelquefois des défauts repoussans.

Ch. I, pag. 24, n. (1). *Anch'io, ec.* — Et moi aussi je suis peintre.

Ch. I, pag. 25. *Siano le attitudini, ec.* — Disposez les attitudes de vos personnages, et donnez à leurs membres un mouvement tel que cet accord fasse voir ce qui se passe dans leur ame.

Ch. I, pag. 28, n. (1). *Niente è più nocivo, ec.* — Rien n'est plus dangereux et plus insupportable que de laisser percer l'art dans ce que le spectateur sait qu'on veut feindre.

Ch. I, pag. 30. *Che non è assai, ec.* — Ce n'est pas assez de plaire aux sots ou à quelques femmelettes.

Ch. I, pag. 37, n. (1). *Ritmo, voce greca, ec.* — Rithme, mot grec qui signifie Nombre. Le nombre est formé par la distinction, ou la mesure d'intervalles égaux ou différens. *Cic.*

Le Rithme est ce qui distingue plus sensiblement les compositions musicales ; parce que les combinaisons diverses et infinies des différens temps que la musique emprunte du Rithme avec une grande variété, produisent les différences sensibles d'un air avec un autre, ou de tel ou tel autre motif, d'une pensée, d'un trait, du sujet, sous quelque dénomination qu'on veuille les placer, ce qui a fait dire à Virgile « Qu'il se rappelerait

bien l'air s'il avait les paroles présentes à l'esprit.» Avec
ce Nombre ou Rithme (que nous réglons par la mesure), les danseurs peuvent, sans avoir besoin de l'harmonie (c'est-à-dire du chant ou du son d'un instrument) ,
exécuter leurs imitations. C'est pour cela qu'Ovide donne
aux bras d'une danseuse l'épithète de *Nombreux*, au
lieu d'*Harmonieux*.

« Cette danseuse séduit par ses gestes , elle meut avec
justesse ses bras *nombreux* : en inclinant avec un art
enchanteur et tournant avec souplesse son beau corps.»
(*Metastase*, Considérations sur l'art poétique d'Aristote).

Ch. V , pag. 64 , n. (1). *Moti della testa. Non farai , ec.*
Ne mettez jamais la tête droite sur les épaules , mais
un peu tournée de côté à droite ou à gauche, soit que
vous fassiez regarder votre figure en haut, ou en bas,
ou devant elle, parce qu'il importe que vous donniez à
vos têtes un mouvement qui annonce de la vivacité naturelle, et qu'elles ne paraissent pas endormies.

Idem, pag. 65. Dell' attitudine. *La fontanella, ec.* —
De l'attitude. La fossette du cou doit perpendiculairement
correspondre au pied; si on place un bras en avant,
elle sort de sa perpendiculaire sur les pieds; si une
jambe se porte en arrière, la fossette est placée en avant,
et elle change ainsi selon les diverses positions.

Idem, pag. 66. Della ponderazione dell' uomo. *Sempre
il peso.* — *Du centre de gravité de l'homme debout.* Le
poids de l'homme qui repose sur une jambe seule , se
partagera en proportion égale sur le point qui le soutient. L'homme qui se meut, aura son centre de gravité sur le milieu de la jambe qui pose entièrement
à terre.

Dell' equiponderazione. *Sempre la figura* , ec. — *De
l'équilibre*. La figure qui soutient un fardeau, placé hors
de la ligne centrale de sa propre gravité , doit distribuer
autant du poids accidentel que du sien propre vers la
partie opposée, de manière à établir un équilibre autour
de la ligne centrale perpendiculaire, qui s'élève du pied

qui est posé, et qui divise également le poids que les pieds soutiennent.

Ch. V, pag. 67. Della figura che va contro il vento. *Sopra la figura, ec.* — *De la figure qui marche contre le vent.* Mais la figure qui marche contre le vent, dans quelque sens que ce soit, ne maintient point son centre de gravité avec une disposition exactement égale sur la ligne du point qui la soutient.

Ch. VI, pag. 76, n. (1). *La natura opera, ec.* — La nature enseigne et agit d'elle-même, sans qu'on ait besoin de raisonnement; de sorte que celui qui veut sauter, élève avec vitesse les bras et les épaules, qui se mettent simultanément en mouvement avec une partie du corps, en raison de l'impulsion; et ils se soutiennent élevés, tant que le mouvement est accompagné de celui du corps, dont les reins se courbent, et de l'élans qui se forme dans la jointure des cuisses, des genoux et des pieds, et cette extension se fait de deux sens; c'est-à-dire en avant et en haut, alors le mouvement destiné à se porter en avant, place aussi le corps en avant au moment du saut, et celui qui le porte en haut l'élève, en lui faisant décrire un grand arc, et rend le saut plus rapide.

Idem, pag. 77. Come nel saltare dell'uomo, ec. *Quando l'uomo, ec.* — *Comment l'homme fait trois mouvemens en sautant.* Quand l'homme s'élance en haut, la tête est trois fois plus active que le talon du pied avant que les doigts se détachent de la terre, et deux fois plus rapide que les hanches, ce qui arrive parce que dans le même-temps sont effacés trois angles, dont le supérieur est celui où le buste se joint par-devant aux cuisses, le second celui où les cuisses du côté du jarret sont unies aux jambes, et le troisième est formé par-devant de la réunion de la jambe avec le coude-pied.

Ch. IX, pag. 99. . . . *Se adeguata, ec.* — S'il n'est pas doué d'une figure agréable, qu'il se garde bien d'entreprendre l'exercice d'un talent qui exige tant de grace.

TABLE DES CHAPITRES.

CHAPITRE HUITIÈME.

TABLE DES PRINCIPAUX SUJETS

TRAITÉS PAR ORDRE ALPHABÉTIQUE.

D

E

G

Gardel, cité *pag.* 24, 93, 98.
Genre, 30.
—— sérieux, 80, 88.
—— demi-caractère, 93.
—— comique, 93.
Goût (bon), 13.
—— (mauvais), 11, 12, 55.
Gosselin, M.lle Danseuse, 112.
Grace, 23.
Groupes, 64, 69.

I

Jambes, 40.
Jarretée, 45.
J. J. Rousseau cité, 35, etc.
Instructions générales aux élèves, 19.

L

Leçon (la), 100.
Léonard de Vinci, cité, 25, 64, 76, etc.

M

Maître (le), 96.
—— (mauvais), 19.
Marcher (manière de) au théâtre, 112.
Mercure de J. Bologne, 67.
Mesure, 36.
Moëlleux, 43.
Mouvements des jambes, 42.
—— des bras, 58.
—— du corps, 54.
Musique, 34, 36.

N

Noverre, grand compositeur de ballets, a écrit dans
l'Encyclopédie, 9, 34.

O

P

R

S

T

V

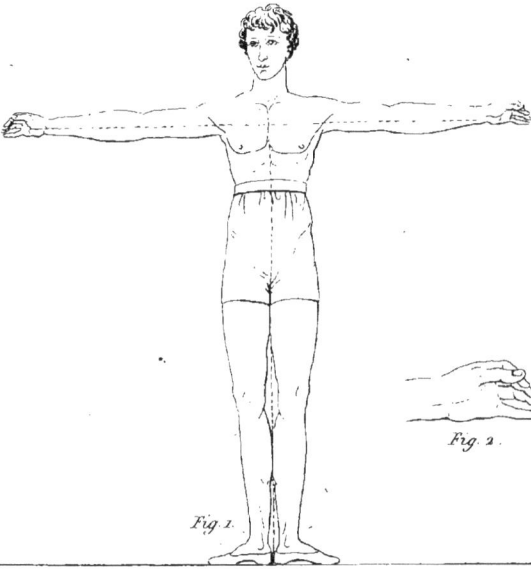

Fig. 1.

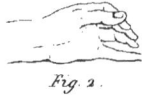

Fig. 2.

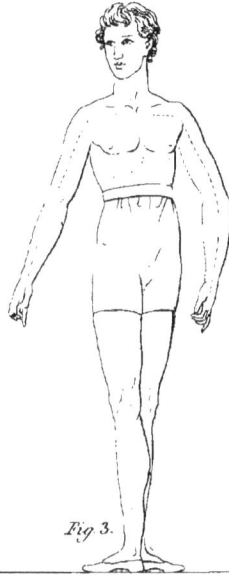

Fig. 3.

Fig. 4.

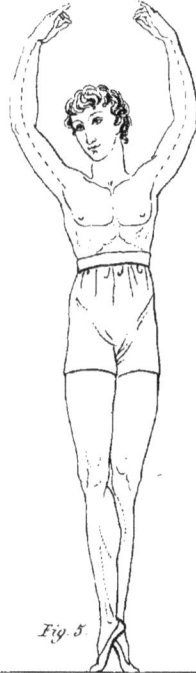

Fig. 5.

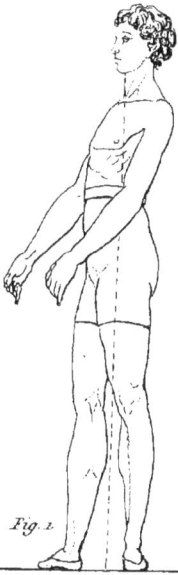

Fig. 1.

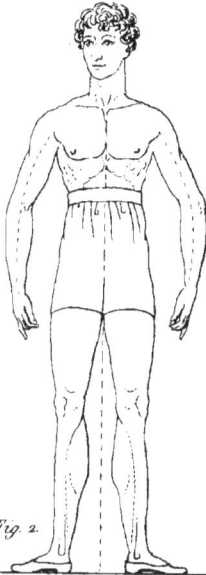

Fig. 2.

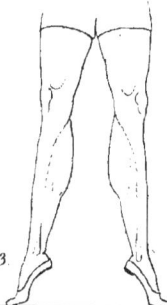

Fig. 3.

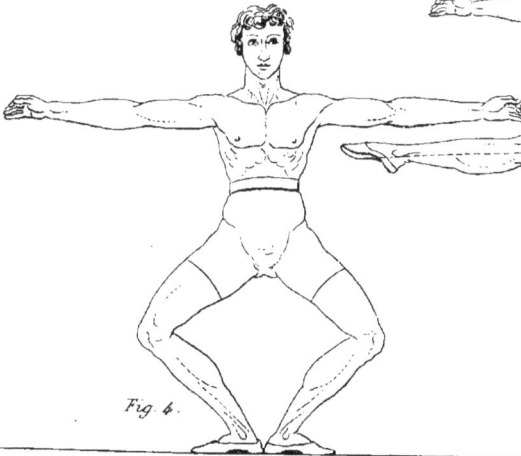

Fig. 4.

Fig. 5.

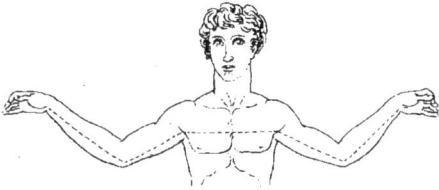

Fig. 1.

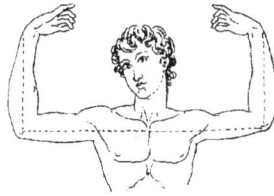

Fig. 2.

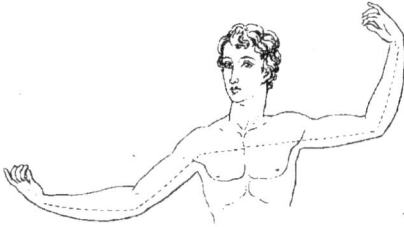

Fig. 3.

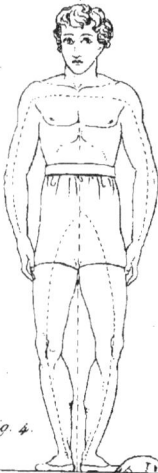

Fig. 4.

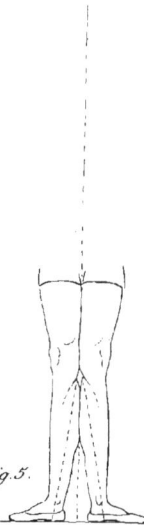

Fig. 5.

Pl. IV.

Fig. 1.

Fig. 2.

Fig. 3.

Fig. 4.

Pl. V

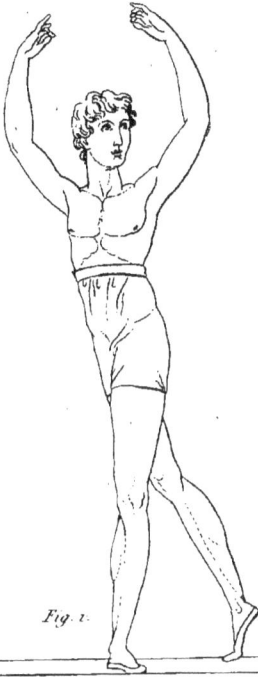

Fig. 1.

Fig. 2.

Fig. 3.

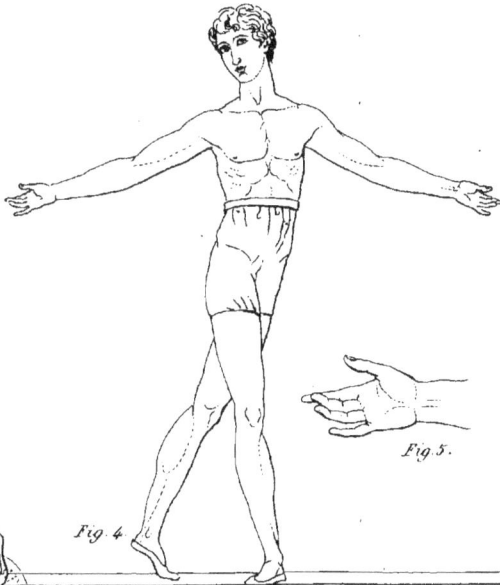

Fig. 4.

Fig. 5.

Fig. 1.

Fig. 2.

Fig. 3.

Fig. 4.

Pl. VII.

Fig. 1. Fig. 2.

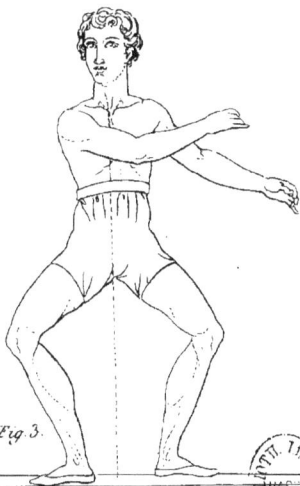 

Fig. 3. Fig. 4.

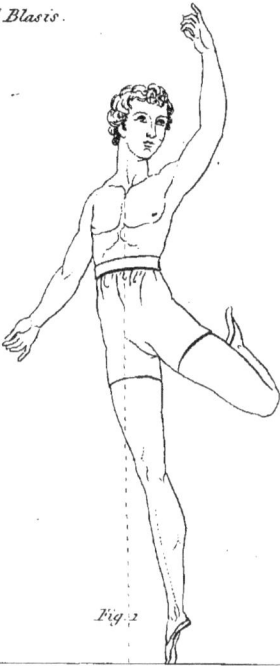

Fig. 1.

Fig. 2.

Fig. 3.

Fig. 4.

Pl. IX.

Fig. 1.

Fig. 2.

Fig. 3.

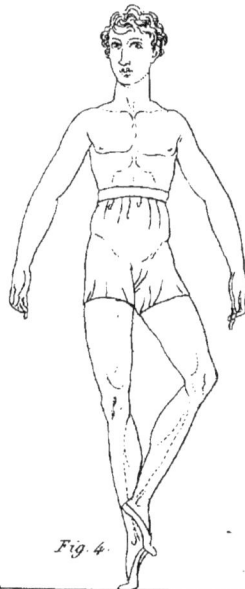

Fig. 4.

Fig. 1.

Fig. 2.

Fig. 3.

Fig. 4.

Pl. XI.

Fig. 1.

Fig. 2.

Fig. 3.

Fig. 4.

Pl. XII.

Fig. 1.

Fig. 2.

Fig. 3.

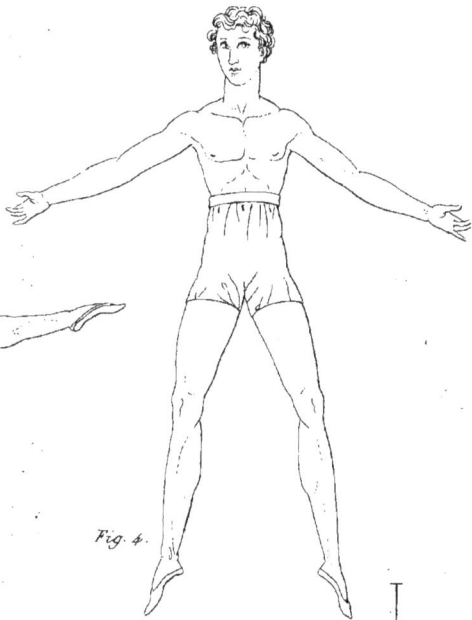

Fig. 4.

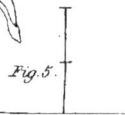

Fig. 5.

Fig. 1.

Fig. 2.

Fig. 3.

Fig. 4.

Fig. 1.

Fig. 2.

Fig. 4.

Pl. XIV.

Fig. 3.

Carlo Blasis.
Ballet-Composer and First-Master
at the Imperial Academy of Dancing.
Milan.